헌법 전쟁

# 헌법전쟁

김영수 지음

권력 대 권리:
숨겨진
을의 권리를 찾아서

알렙

# 헌법 전쟁의 품격

최근 토머스 모어(Thomas More)의 『유토피아』 때문에 즐겁고 행복한 시간을 보내다가 졸저인 『민주주의를 혁명하라』, 『당신은 민주국가에 살고 있습니까』를 펼쳐놓고 상념에 빠진 적이 한두 번이 아니다. 나는 왜 이 책들을 썼을까? 연구자는 무엇을 가지고 타인과 공유하면서 공감을 이끌어 낼 것인가? 해답이 쉽지 않은 질문들이다. 그러나 복잡한 문제이지만 단순하게 정리하기로 했다. 나는 '민주주의에 대한 상상력'을 공감의 연결고리로 선택해서 두 책을 썼던 것 아닌가. 그동안 알게 모르게 빠져 있었던 민주주의의 함정에서 벗어나 보자는 절박함이었는데, 타인에게 공감을 얻기가 쉽지는 않았다. 문장이 수려하지 못하고 투박하여 그러려니 했다. 권력이 만든 민주주의의 울타리 밖을 보려 하지 않는 '권리'도 그 책임에서 자유롭지 않다는 것을 생각하기까지는 적지 않은 시간이 필요했다.

그런데 나에게 전환점이 찾아왔다. 토머스 모어의『유토피아』
다. 이 책은 나에게 용기를 주었다. 1516년에 출간한『유토피아』
로 영국 사회를 신랄하게 비판하고 목숨을 내준 이상주의자가 몸
속 어딘가를 헤집고 다니는 느낌이었다.『유토피아』가 나를 옭아
맸다. 토머스 모어는 16세기 영국 사회의 '을'들이 살 수 있는 세
상을 꿈꾸고 난 이후에 목숨을 걸었다. 존재하지 않지만 존재할
수 있는『유토피아』가 '을'의 세상이자, '을'들이 '갑'으로 살아가
는 권리를 상상한 것이다. 토머스 모어의 꿈을 좇는 것이 또 다른
유토피아일지 모르겠지만, 한국의 유토피언은 권리 자치의 세상
을 또 다르게 상상한다. 정치와 권력은 등치되는 것이 아니다. 그
렇게 생각하는 우리가 덫에 걸려 있는 것이다. 권력은 단지 정치
의 부속품에 불과하다. 정치의 핵심은 권리이고 자치다.

이 책에서 나는 문재인 행정부가 개헌안을 발의한 것과 무관하
게 새로운 헌법의 쟁점을 만들어 내고자 했다. 그리고 세계 헌법
과 비교해서 그 쟁점을 보다 깊이 있게 톺아보고 있다. 헌법을 알
아보고 그 속에 숨어 있는 것까지 보고 싶어서다. 헌법의 프레임
을 권력에서 권리로 바꾸는 과정이었다. 권리에 대한 상상력을
헌법으로 끌어왔다. 민주주의는 언제 어디서든 물음표와 함께 새
롭게 탈바꿈하기 때문이다. 그래서 쉽지 않지만 간명하게 다가갈
수 있는 방법을 택했다. 쟁점을 만들어서 각각의 내용들을 세계

헌법으로 확인하고 소개하는 것이다. 물론 국회의 개헌특별위원회나 전문가들도 개헌의 쟁점들을 말하였고 문재인 정부의 정책기획위원회도 쟁점들을 정리하였다. 그러나 한국의 또 다른 이상주의자는 헌법을 바라보는 관점과 세계관부터 바꾸어 버렸다. 권력을 정화시킬 수 있는 힘을 권리에서 찾고자 하였다. 헌법은 권력 구조가 아니라 '권리 헌장'이어야 한다는 헌법의 가치를 20여 가지의 쟁점과 함께 버무린 이유이다.

## 헌법의 주인이 누구인가?

헌법에는 주권재민(主權在民)의 규정이 있는데, 어리석게도 왜 이런 질문을 던지는 것일까. 그러나 익히 알려져 있는 쟁점을 새롭게 해석하고, 숨어 있던 쟁점을 새롭게 찾아낸 이 책을 읽다 보면, 독자 여러분도 헌법을 다시 볼 수 있게 될 것이라고 자신한다. 촛불 항쟁이 아니었으면 헌법 제1조도 눈여겨보지 않았을 여러분에게 세계 10개 국가의 헌법과 한국의 3개 헌법이 벌이는 전투에 참여하라고 하는 것이다. 물론 참여하기도 전에 겁부터 먹지 마시기를 바란다. 어느 나라 헌법이나 다 비슷하다. 그리스, 남아공, 독일, 미국, 베네수엘라, 스페인, 일본, 중국, 프랑스, 필리핀의 헌법과 한국의 제헌헌법, 유신헌법, 1987년 개정헌법을 동시에 보고 판단한다면, 헌법을 보고 자신의 권리를 새롭게 보는 눈이 생길 것이다. 나는 『헌법 전쟁』을 통해 주요 쟁점을 드러내 놓았고, 이 전쟁에서 세계 각국의 헌법은 다양한 전투를 벌이고 있다.

이제는 근대 헌법의 근원적 가치를 부활시켜 권리가 주인으로 서야 한다. 그리고 이 헌법의 쟁점 속에서 권리를 드러내는 지침서가 있어야 한다. 헌법을 새롭게 여행하게 할 가이드와 안내 책자가 있다면, 누구든지 어디에서든지 헌법의 쟁점들을 세계 헌법과 비교하고 이해하면서 품격을 갖춘 헌법의 주인이 되기 위해 노력할 수 있는 것 아닌가. 헌법 전쟁이 바라는 주권자의 격이다.

정의롭지 않은 헌법과 법들이 존재한다. 우리는 그러한 법을 준수하는 것으로 만족할 것인가, 아니면 그 법을 개정하려고 노력하면서 개정에 성공할 때까지 그 법을 준수할 것인가, 아니면 당장이라도 그 법을 어길 것인가? 또는 그 법을 폐기하거나 바꾸기 위해 싸울 것인가?


## 권력의 힘에 맞서는 권리 정치의 블록화

사람들은 일반적으로 권력을 설득해서 바꿔나가자고 생각한다. 정의롭지 못한 법이 삶의 병이라 하더라도, 권리가 권력을 상대로 싸운다는 것을 병보다 더 끔찍하게 여기고는 한다. 헌법의 기본 질서와 가치를 놓고서 싸우는 것에 대해서는 더욱 그러하다. 아마도 권력이, 권리가 싸움을 걸기도 전에 야단법석을 떨어서 그러지 않을까 상상해 본다.

권력의 힘은 사람들에게 두려움과 공포심을 가져다줄 수 있다. '갑'이 권력을 가지려는 목적 중 하나이다. 이 권력은 2014년 4월 16일 진도 앞바다에서 세월호와 함께 '을'의 생명 권리와 세월호 침몰의 진실까지 수장시켜 버린 힘이다. 이 힘 때문에 진실에 기여할 위치에 있는 사람들조차 더듬거리거나 못 본 체한다. 그래서 지성은 현실을 바라보는 두 개의 눈이 있어야 한다. 하나는 쉽게 드러내려 하지 않는 권력의 다른 얼굴을 보는 것이고, 다른 하나는 권력에 현혹되지 않고 권리의 본성과 권리의 자리를 찾는 '민'의 눈이다. 이런 눈은 '격리된 지성'의 토대이다. '민'은 권력에 대해 자유자재로 말할 수 있고, 어떤 권력도 그 지성의 비판으로부터 자유롭지 않다. 까다롭고 유창하면서도 신랄하게 비판할 용기와 분노야말로 격리된 지성의 가치이기 때문이다. 2018년 4월 16일에 이 책을 출간하는 이유인 것이다.

권력을 향해 진실을 말하고 지혜를 공유하는 것은 이상주의가 아니다. 지혜는 권리를 심사숙고하여 서로 비교하는 것이고, 옳은 것과 올바른 변화를 위해 진실을 재현하는 것이다. '민'이 권리에 대한 기억상실에서 깨어나 권리를 재현하며 사는 기회로 작용한다면, 여러분이 저에게 주는 최고의 찬사이다. 특히 많은 사

람들이 '권리 정치의 블록화'를 실체적으로 추진해 나가는 디딤
돌로 작용한다면, 이보다 큰 선물이 어디 있겠는가. '권리 자치 공
동체 네트워크'가 삶 속에서 권력을 지배하고 관리하는 정치의
일상화를 꿈꾼다. 권력으로 비쳐지는 정당의 프레임을 넘어서는
상상이기도 하다.

 책을 출간하면서 밝혀야 할 점이 있다. 나는 이 모든 나라의 언
어를 알지는 않는다. 그런데도 책을 쓸 수 있게 된 것은 헌법재판
연구원 덕택이다. 헌법재판연구원은 이미 다른 나라의 헌법들을
번역해 놓았던 것이다. 누구에게나 자료에 접근할 수 있게 해서
그 노고를 가져다 쓰는 마음이 한결 가벼웠다. 또한 국회사무처
도 이 책을 쓰는 데 큰 거름이 되었다. 국회사무처는 2017년 1월
에 『헌법개정 조문별 참고자료(1권-7권)』를 발간하였는데, 헌법을
둘러싼 기존의 쟁점들을 공부하는 데 큰 도움이 되었다.
 마지막으로 법학을 연구하는 사람들에게 하고 싶은 말이다. 나
는 정치학을 연구하고 있어서 법학에 문외한일 수 있다. 그래서
서문에서 미리 밝힌다. 이 책은 오로지 헌법의 조문을 중심으로
이해하면서 전투하고 있으며, 조문들을 법리적인 해석이 아니라
권리의 눈으로 바라본다. 학문적인 통섭의 시작이라는 점만 인정
해 주기를 바랄 뿐이다. 세계 헌법들은 각 나라별 특성을 반영하고
있을 것이고, 헌법이 아닌 법률과 동시에 보아야 헌법을 제대로 이해

하는 것이라는 지적과 비판을 겸허하게 수용한다는 점이다. 세계 헌법을 잘 이해하지 못한 부분이 있다면, 그 책임은 필자의 몫이다.

이번 책도 알렙 조영남 대표와 함께했다. 기획하는 순간부터 편집하고 인쇄해서 독자들의 손에 쥐어주는 그 순간까지 조영남 대표의 숨과 땀이 배어 있는 책이다. 또한 아내와 가족들에게는 책을 출간할 때마다 고마움을 표시하고 또 표시해도 늘 부족하다. 나에게는 너무나도 따뜻하고 큰 울타리가 되어준다. 하지만 나는 가족들에게 그 부족함을 채워줄 것이라고는 없다. 단지 모두가 헌법의 주인이 되는 권리 여정의 이정표를 이 책을 통해 찾아 나서는 진짜 주권자들의 소란스러움과 난리법석만이 보상일 것이라고 상상한다.

토머스 모어의 『유토피아』 출간 503년째를 기리는
한국의 유토피언

# 목차

'헌법 대 헌법'이

그리는 전쟁

# 헌법의 프레임을 바꾸는 전투!

헌법을 개정하려는 전쟁이 시작되었다. 헌법을 제정하거나 개정하는 것이 나라의 기본을 새롭게 정비한다는 차원에서 볼 때, 나라를 '혁명'적으로 변화시킬 수 있는 계기가 온 것이다. 문재인 정부가 개헌을 시도하는 것도 '촛불 혁명'의 가치와 정신을 헌법 속에 녹아들게 하려는 정치적 전쟁의 선포이다. 오래전부터 국지전과 같은 개헌 전투가 있어 왔지만, 지금은 행정부 권력이 개헌안을 만들어 의회 권력으로 공을 넘겼다. 전면적인 헌법 전쟁이 시작된 것이다. 그렇지만 그들의 헌법 전쟁은 정치 세력이나 권력 간 전투로 제한하고 있다.

주권자인 '국민'과 국민의 '권리'는 그 전투에 참여하고 있는가?

헌법 전쟁은 개헌을 위한 전투에 '국민'과 '권리'를 참여시킨다. 국회의 개헌특위나 대통령 정책기획위원회가 마련한 헌법의 쟁점과 개헌안을 마련하고, 그것에 대한 선호만 표시하라는 권력의 요구를 거부하고 있다.

헌법 전쟁은 헌법의 프레임을 바꾸는 전투를 하자는 것이다!

이 전투에는 그리스, 남아공, 독일, 미국, 베네수엘라, 스페인, 일본, 중국, 프랑스, 필리핀의 헌법, 한국의 1948년 제헌헌법, 1972년 유신헌법, 그리고 1987년 개정헌법이 참여한다. 해외 10개 국가의 헌법과 한국의 3개 헌법이 참여한 전투에서 그 프레임의 단초들을 찾을 수 있을지 미지수지만, 찾을 수 없다고 미리 포기할 필요는 없다.

헌법 전쟁에 참여하는 다양한 헌법을 통해 주권자들의 권리와 국가의 권력이 그 모습을 드러나게 하고, 많은 사람들이 한국 헌법과 세계 헌법을 동시에 바라보게 하자. 권력이 제공하는 쟁점과 개헌안이 아니라, 주권자의 권리가 만들어 내는 쟁점이자 그러한 쟁점들과 관련된 세계 헌법의 조문들을 통해서 말이다.

개헌에 무관심한 채 투표장으로 가서 빨간색 인장의 의미가 무엇인지 알지 못하는 헌법 전쟁의 부역자가 되는 것이 아니라 헌법 전쟁의 전투 요원으로 살아가자는 바람이다. 헌법이 국가의 권력을 위한 장식품이 아니라 권리가 권력을 지배하는 수단으로 존재하는 것이다.

# '헌법 대 헌법'이
# 그리는 전쟁

## 전쟁의 두 얼굴 속 권력과 권리

인류는 생존의 법칙이 본능으로 살아 움직이는 약육강식의 역사를 살아 왔다. 사람과 사람만이 아니라 사람과 자연도 그렇다. 생존을 위한 약탈적 본성이 대립하면서 각 주체의 생각과 무관하게 파괴와 살육의 장이 열린다. 누구나가 그 장에서 살다가 죽어 간다. 정말 싸우고 싶지 않은 주체들도 있겠지만 그러기 쉽지 않다. 제한된 자원을 놓고서 벌이는 싸움이 끊이질 않는다.

*사람들은 왜 경쟁하고, 왜 분노를 앞세워 싸우는 것일까?*

해답을 내리기가 쉬운 것 같으면서도 어렵다. 풍요로움과 편안함을 추구하는 욕망의 경쟁이자 분노의 폭발이라고 하면 간단할 것 같다. 하지만 그 내부를 들여다볼수록 헤아리기 어려운 신경망의 미로 속에서 빠져나오기가 어렵다. 일상의 삶이 '누구보다 더'라는 경쟁과 싸움으로 촘촘하게 엮여 있어서 그렇거니와, 전쟁과 같은 싸움이 발생하게 되는 원인도 모른 채 죽음과 폭력의 대상이 되어야 하는 두려움 때문이기도 하다.

싸움과 폭력의 최고 단계인 전쟁은 번영과 평화의 또 다른 수단으로 쓰인다. 전쟁으로 새로운 국가를 더 크게 만들어 풍요롭게 번영하고, 그 힘으로 평화를 유지할 수 있다는 아이러니다. 사람들이 집단적으로 전쟁의 번영이라는 상상의 질서를 믿는다고 가정해 보자. 권력은 그런 상상의 집단적 효과를 만들어낸다. 유발 하라리(Yuval Harari)가 『사피엔스』에서 강조한 집단적 상상의 힘이 작동하는 것이다. "수많은 사람들이 공통의 신화를 믿으면 성공적 협력이 가능하다. 인간의 대규모 협력은 모두가 공통의 신화에 뿌리를 두고 있는데, 그 신화는 사람들의 집단적 상상 속에서만 존재한다."*

나라의 권력이 '폭력과 평화라는 전쟁의 두 얼굴 기획'을 포기하지 않는 이상, '민'은 삶의 일상으로 파고드는 공포심 때문에 권리의 자존감을 쉽게 찾지 못한다. 권리의 약한 지점이다. 전쟁

* 유발 하라리, 조현욱 옮김, 『사피엔스』, 김영사, 2015, 53쪽.

의 정당성을 내세워 삶의 일상 속으로 공포심을 보내는 권력, 학살과 폭력에 내몰리면서 상처의 늪에 빠져버리는 권리. 쌓이고 쌓여 청산해야 할 적폐로 남아 있는 권리의 트라우마는 '민'이 권력을 만드는 주인이면서도 실제로는 알아서 권력 속으로 기어들어가게 한다.

그런데 고대 로마의 한 철학자는 전쟁 앞에서 그 어떠한 것도 자유롭지 않게 되는 권리의 무력감을 이겨낼 방안을 말한다. 권력을 향한 정의로운 분노의 재현이 정답이란다. 소위 전쟁을 일삼는 권력을 향해 정의로운 분노로 저항하는 권리의 정당성을 고대 로마의 『분노론』이 남기고 있다. "분노는 한편으론 자연스러운 감정이다. 몸의 상처를 고통으로 느끼지 못하면, 결국 그 부상의 상처로 인해 죽을 수 있듯이, 부당함에 대한 영혼의 분노를 느끼지 못한다면, 결국 그 사회는 부정의만 만연힐 수 있다. 물론 모든 분노가 정당화된다는 것은 아니지만, 정당화될 수 있는 분노는 정의로운 분노가 될 수 있다."* 굳이 저항권을 내세울 필요도 없이 권리의 자존감을 위해 권력과 경쟁하고 싸워야 할 이유인 것이다.

---

* 손병석, 『고대 희랍 · 로마의 분노론』, 바다출판사, 2013, 5쪽.

## 가짜 전투 대 진짜 전투

헌법 전쟁이 벌어지고 있다. 권력과 권리에 관심을 가지고 있는 누구나가 참여하는 전쟁이다. 1987년 이후 30년 이상이 지나서야 개헌에 대한 이야기가 나올 만큼, 헌법을 한 번 개정하고 나면 언제 다시 개정할 것인가도 불투명하기에, 사람들은 개헌을 놓고서 전쟁을 하지 않을 수 없다. 노동자들은 노동헌법을, 농민들은 농민헌법을 만들어야 한다고 하면서 정치 세력이 내놓은 헌법과 전투를 할 모양새다. 노동자와 농민들이 자신의 권리를 헌법으로 보장받으려 한다. 소위 '을'들이 헌법 전쟁에 달려들고 있다.

그런데 참으로 오묘한 전쟁이다. 언제까지 전쟁을 끝내자는 시한부 전쟁이다. 개헌 시기를 2018년 6월까지 정해 놓고 시작한 것도 그렇고, 진짜 전쟁을 하고 있는지 잘 보이지 않는 전쟁이다. 정당 간에 찬반의 근거도 잘 드러나지 않는 찬반 전투도 그렇고, 권력과 권리가 벌여야 할 전투가 존재하지 않는 전쟁이다. 노동자와 농민의 헌법이라면, 어민들이나 상인들이나 어린 학생들의 헌법도 필요한 것인가? 취업난과 비정규직 노동의 굴레에서 쉽게 벗어나지 못하고 있는 청년들도 자기들의 헌법을 요구해야 하는 것 아닌가? 솔직히 잘 모르겠다. 정당과 정치 세력들은 늘 하던 방식대로 국민을 헌법 전쟁의 허수아비로 취급해서 그런 것 같다. 장막을 친 상태에서 국민의 참여가 사실상 봉쇄된 권력만의 개헌 전쟁이기에 그렇다.

*당신은 헌법을 개정해야 하는 이유를 알고 있는가? 만약 알고 있다면, 개헌 논의에서 쟁점이 왜 발생했는지, 그 내용을 알고 있는가?*

알 듯 말 듯 답답해하는 사람이 많을 것이다. 늘 국민을 앞세우지만 실제로는 국민은 '가짜 전투'의 프레임에 갇혀 있다. 영국-프랑스-독일은 제2차 세계대전 와중에 '가짜 전투'를 한 적이 있다. 1939년 9월부터 1940년 5월에 걸쳐 영·프 연합군과 독일군이 서부 전선에서 대치하였지만, 실제로는 1940년 5월 10일 독일군의 대공세가 시작되기까지 서로 전투다운 전투를 하지 않았다. 독일이 폴란드를 침범하여 전투력의 시험에 성공하고 군사력을 재정비하는 동안에 독일은 영국과 프랑스를 상대로 가짜 전투를 벌였던 것이다.

개헌은 정치 세력들이 벌이는 가짜 전투에 머무르지 않아야 한다. '민'의 권리와 의무를 다루는 개헌에서 '민'의 자리가 없다면, 그것은 헌법 전쟁이 아니다. 전투의 실제 주체는 권력과 권리이기 때문이다. 국민과 해야 할 진짜 전투는 하지 않고, 오롯이 권력만의 전투로 제한한다면, 권리는 전투의 방관자로 떨어진다. 개헌의 전투가 권력 구조나 선거 제도로 제한되고 싸움의 주체들조차 정부의 개헌특위와 국회 내 정당으로 한정되는 개헌 전투의 가짜가 된다.

　물론 개헌 논의의 가장 큰 쟁점들을 모르는 사람이 거의 없다. 제왕적 대통령을 만들어 왔던 권력 구조를 재편하자면서 전개되는 '대통령의 4년 중임제와 분권형 대통령제'의 전투이다. 이 전투는 권력의 한 주체인 정당과 정치 세력 간에 벌어지고 있다. 국민 대다수가 지지하고 있다는 허깨비만이 전투에 동원되는 것이 아니라, '민'의 권리와 국가의 권력이 전쟁을 해야만 한다.

　*권력의 패러다임만을 강조하는 전문가들의 의도는 무엇일까?*

　국가의 권력 구조에 대한 전문가들은 전문가답게 해외의 사례까지 곁들여서 개헌 논의의 방향을 제시하였다. 선학태 교수는 권력의 분점을 통해 연정과 협치가 가능한 방향으로 권력 구조와 선거 제도를 바꾸자고 제안하였다. "분권과 협치가 가능한 권력 구조로 개헌, 그것의 토대는 소선거구제 방식의 다수대표제를 비례대표제로, 대통령제를 의원내각제로 바꾸는 것이다. 노르딕 국가의 사례에 비추어서, 정책·입법 연합, 정부 연합을 가능케 하고, 그것이 권력 분점의 연정 협치라고 강조"*하였다. 문재인 정부가 개헌안에 대한 국회의 논의와 합의를 위해 '대통령 중임제

---

* 선학태,《경향신문》, 2017. 9. 25.

와 국무총리 국회 추천권'을 주고받기 방식으로 제기하는 것 역시 그 연장이라 할 수 있다.

임혁백 교수도 혼합정체의 모델과 미국의 사례를 들어 보다 완전한 3권 분립과 부통령제의 도입이라는 개헌의 방향을 주장하였다. "혼합정체 원형(혼합정, 공화주의, 공동 통치, 공동 책임을 특징으로 함)을 모델로 하여 행정권, 입법권, 사법권의 분리를 더욱 명확히 하고, 제왕적 대통령으로 통합되고 집중되었던 의회 권력과 사법 권력을 3권 분립의 원리에 맞게 제자리에 되돌려 놓아야 한다. 대통령이 갖고 있는 정부 법률 제안권, 예산권, 회계검사권 등을 국회에 돌려주고, 국회의 조약 비준 동의권, 국정조사권, 인사청문회의 권한을 강화하여 대통령에 대한 국회의 감시와 견제를 강화하고, 선출직 부통령제를 도입하여 행정부 내에서 대통령과 권력을 분점하게 해야 하고, 인사위원회, 선거관리위원회 등 독립적 헌법 기관의 대통령에 대한 감시와 견제를 강화하면서 검찰, 경찰, 국정원 등 권력 기관을 정치적으로 중립화해야 한다."*

권력 구조의 변화에 초점을 맞추어 개헌의 방향을 세워서 그러하겠지만, 국민의 권리가 개헌의 쟁점으로 부각되지 않는다. 물론 전문가들이 국회가 국민을 대표한다는 대전제를 깔고 있다는 사실까지 모르는 것은 아니다. 그런데 전문가들의 한마디는 개헌

---

* 임혁백, 《경향신문》, 2018. 2. 9.

논의에서 국민의 권리가 실체적으로 드러나지 않게 하는 커다란 '우산 효과'를 가져올 수 있다는 점이 걱정된다.

오히려 국회 개헌특위가 권력 구조에 대한 논의의 방향과 함께 '국민'의 권리에 대한 논의도 제시하였다. 2017년 12월에 발표된 활동의 결과이다. 국회 개헌특위는 11개월 동안 논의한 결과를 쟁점으로 부각시켰다. '대통령제 대 이원집정부제, 단원제 대 양원제, 노동자 대 근로자, 임금차별 대 동일임금, 형식화 대 실질화(평등), 노동권리 대 노동의무, 직접고용 대 간접고용, 생명권 대 사형제, 국방의무 대 대체복무' 등이다.*

임혁백 교수는 이번 개헌의 성격을 촛불 개헌으로 규정하였다. "국민의 자유를 침해할 수 없을 정도로 약하면서, 내부 또는 외부의 적으로부터 국민의 안전을 보호하는 데는 충분히 강력한 민주공화국의 수립을 목표로 하고 있다. 국민의 자유를 보호하고, 국민의 안전과 재산권을 지킬 수 있는 보호국가 수립의 목표를 동시에 충족시킬 수 있는 개헌이어야 한다." 그러나 문재인 정부의 권력은 촛불 정신이 무엇인가부터 알고서 촛불 개헌을 말해야 한다. 촛불 정신을 갑을 관계의 '을'에서 찾는 사람도 있다.

*당신은 한국 사회에서 '갑'인가? '을'인가?*

---

\* 국회 개헌특위,『헌법개정 조문별 참고자료』, 2018. 1. 25.

그동안 사람들의 관계를 계급이나 계층으로 혹은 숫자로 표상되는 세대별로 구분하기는 했다. 최근에도 관계 속에서 주고받는 힘을 구체적으로 드러내는 호명 방식이 등장했다. 바로 '갑을 관계'이다. 갑질의 횡포가 심해 을의 눈물이 사회의 밑바닥을 적셔서 그러려니 하면서도, 너든 나든 공통으로 피해를 받는 갑질의 폭력 앞에서, '을'은 이제 사회적 약자를 일반적으로 지칭하는 정치적 언어가 되었다. 그래서 촛불 정신은 이번 개헌에서 을의 민주주의를 실현하라고 요구한다. "을의 민주주의는 을의 의지와 목소리가 잘 대표되는 민주주의라고 할 수 있다. 왜냐하면 을은 주로 피해자, 피착취자, 피억압자, 피차별자 등과 수동적으로 피해를 겪는 존재자들을 지칭하기 때문이다."*

권력과 권리는 복잡한 관계를 맺는다. 하지만 공화 제도나 대의 제도의 이름 아래, 권력이 지배의 힘을 가지고 있고, 권리가 피지배의 대상이라는 사실만큼은 변하지 않는다. 헌법 전쟁에서 권력과 권리가 진짜 싸워야 할 이유이다. 1987년 6월항쟁도 '호헌철폐 독재타도'가 상징하듯이 권력과 권리의 대전투였다. 민주주의는 마침표가 없다. 민주주의는 영원히 지속해야 할 추상적 가치이자 구체적 실체이다. 그런데 민주주의에 마침표를 찍고 싶어 하는 사람들이 많다. 소위 '갑'들이다. '갑'의 우산에서 벗어나

---

* 진태원, 「을의 민주주의를 위한 정치철학적 단상」, 《황해문화》, 2017년 가을, 46-59쪽.

려 하지 않는 '을'도 해당한다. 권력끼리 싸우는 척하지 말고, 개헌 논의의 형식과 내용을 권력과 권리가 맞닥뜨리게 하는 개헌 전쟁이 진짜인 것이다. 이 개헌 전쟁에 세계 주요 국가가 참전하였다. 그리스, 남아공, 독일, 미국, 베네수엘라, 스페인, 일본, 중국, 프랑스, 필리핀의 헌법이다. 한국의 헌법은 1948년 제헌헌법, 1972년 유신헌법, 그리고 1987년 개정헌법이 참여한다. 해외에서는 10개 국가의 헌법이, 국내에서는 3개의 헌법이 권력과 권리를 놓고서 벌이는 '갑'과 '을'의 전쟁이다.


## 바라보기 대 톺아보기


헌법이 없는 나라도 적지 않다. 헌법이 아니라 다양한 법률이나 문서와 관습으로 국가의 통치 질서를 유지하는 나라들이다. 영국이나 뉴질랜드가 대표적이다. 영국의 「마그나 카르타」는 수많은 헌법의 기초가 되었지만, 역설적이게도 영국에는 성문헌법이 없다. 수백 년에 걸친 관습법과 의회법, 권리장전과 같은 역사적 규약들이 헌법을 대신하기 때문이다. 헌법이 없어도 국가와 사회가 유지될 수 있다는 증표이다. 독재 국가라 하더라도 국민의 기본권을 그럴싸하게 규정하고 권력의 정당성을 잘 포장한 헌법도 많다. 유신헌법이나 제5공화국의 헌법을 들여다보더라도,

국민의 권리를 권력이 제한할 수 있는 규정과 함께 국민의 권리
도 헌법의 한 귀퉁이를 차지하고 있다.

어떤 나라들이 헌법 전쟁에 참여하는가?

헌법 전쟁에 참전하는 국가를 조금 더 구체적으로 말해 보자.
한국 헌법의 모태를 제공했던 일본, 해방 이후 지금까지 동맹의
힘을 발휘하고 있는 멀고도 가까운 나라 미국, 세계 대전의 승패
와 통일의 꿈을 실현한 독일이다. 그리고 직접민주주의를 말하면
빼놓을 수 없는 나라가 있다. 그리스다. 물론 고대 도시국가와는
다르게 변한 그리스지만, 민주주의의 원형을 품고 있는 그리스도
이 헌법 전쟁에 참전한다.

세계에서 가장 진보적인 헌법을 가진 나라를 물으면, 헌법학자
들 모두가 이구동성으로 인정하는 남아공도 이 헌법 전쟁에 참
여하였다. 30년 전에 인종차별 국가의 오명을 벗으면서 가장 진
보적이고 민주적인 헌법으로 무장한 나라이다. 프랑스는 1789년
시민혁명을 거치면서 만든 「인권선언」이 권리 헌법의 힘을 발휘
하는 특징 때문에, 중국과 베네수엘라는 21세기 사회주의 모델들
을 담은 헌법 때문에 참전한 것이다. 스페인은 입헌군주제를 유
지하고 있으면서도 영국과 달리 성문헌법을 가지고 있어서 함께
하고 있고, 마지막으로 필리핀은 한국과 마찬가지로 1987년에 거

리를 가득 메운 '민'의 힘으로 헌법을 새롭게 정비한 힘을 가지고 이 헌법 전쟁에 참전하였다. 그러나 한국 헌법은 이번 헌법 전쟁에서 그 실체를 드러낼 필요가 있다. 1948년 이후 헌법을 위반하는 권력의 '갑질' 앞에서 헌법의 가치가 훼손되어도 그저 묵묵히 헌법의 권위에만 만족하는 헌법의 다른 '갑질'이 '을'에게 공개되어야 한다.

헌법이 '갑질'하고 있는 것이 아닐까?

헌법을 톺아보는 것은 개헌의 쟁점이 되거나 권력과 권리의 전투에 동원되는 헌법의 조문들을 한 곳으로 집결시켜서 다른 나라 헌법과 동시에, 또한 대표적인 대한민국 헌법들을 동시에 보는 것이다. 2018년은 대한민국 헌법이 제정된 지 70주년이 되는 해다. 제헌헌법, 유신헌법, 1987년 헌법, 이 세 헌법을 동시에 본다면, 1948년부터 지금까지 헌법이 추구하고 있는 근본 가치를 알수 있을 것이다.

한국 헌법도 제대로 둘러보지 않았는데 다른 나라의 헌법까지 톺아보라니? 너무 걱정하지 말고 겁부터 먹지 말자. 몇몇 나라를 제외하고는 대부분 민주공화정이기 때문에 헌법의 틀이 한국과 크게 다르지 않다. 단지 각 국가의 역사적 상황을 반영하고 있는 점만 다를 뿐이다. 모두가 자신감을 가지고 세계 헌법을 둘러보면서 톺아보면 된다.

그동안 헌법은 교과서를 매개로 바라보고 둘러보는 대상이었다. 헌법을 톺아보고 싶어도 200자 원고지 2매 분량의 글들은 문장 같지 않은 비문투성이이다. 이런 헌법 전문은 둘러보고 싶은 마음조차 앗아가 버린다. 또 헌법 전문에는 무슨 정신을 계승하고 발전시키고 이바지하자는 것도 많은지 버겁기 그지없다.

그런데 '민'의 촛불은 헌법을 톺아보는 계기로 작용하였다. 2008년에도 그랬고, 2016년 11월 말부터 2017년 2월까지는 헌법에서 규정하고 있는 권리가 그 실체를 드러냈다. 특히 김제동 씨는 헌법의 대중화에 공을 세웠다. 대학에서 김제동 씨의 헌법 토크를 수업에 활용하면서 확인한 것이다. 1948년 이후 박물관의 전시물처럼 전시되면서 사람들을 관람객으로 만들었던 헌법이, 권력이 필요할 경우에만 통치의 힘으로 등장했던 헌법이, 1987년과 2008년 그리고 2016년에 권리의 품으로 들어왔다.

2018년 개정 헌법에 촛불 정신을 계승하려 한다. 촛불 정신이 무엇일까? 권력자들의 잘못을 밝혀내고 처벌하라는 '민'의 요구와, 다시는 그런 권력자가 나타나지 않기를 바라는 '민'의 요구는 아마도 초보적인 수준일 것이다. 촛불을 점화하는 순간부터 보여준 마음이다. 촛불은 진화에 진화를 거듭하면서 자신도 변신했다. 슬로건으로 표현해 볼 수 있다. '정권 교체를 넘어 권력 교체로, 권력의 주체를 권리의 주체로.'

## 권력 헌법 대 권리 헌법

몇 년 전에 낙타 바이러스가, 최근에는 조류 바이러스가 사람과 가축들을 공포에 떨게 하였다. 이런 공포 바이러스가 너와 나의 삶 속에서 기생하고 있다는 것만으로도 끔찍한 것임에 틀림없다. 가끔 사극을 보다 보면, '민'의 삶터를 지옥과 같은 곳으로 만드는 것은 전염병이었다. 이런 전염병이 사라진 것은 아니지만, 자본의 천국을 구조화한 국가 권력의 문명화는 곧 지옥 바이러스였다. 국가는 이런 바이러스를 퍼뜨리면서 사회적 불평등을 정당화하였다. 금수저 바이러스, 생존 경쟁 바이러스, 차별 정당화 바이러스, 비정규직 당연화 바이러스가 그것이었다. 이런 바이러스들은 말 그대로 '민'을 고통스럽게 한다. 요즘 말로는 사회의 적폐이다.

국정농단의 잘못을 저질렀던 사람들이나 특정 정당만이 적폐인 양 치부하지 말자. 노폐물과 폐습은 '상식의 눈'에서 벗어나 있고, 사회의 구석구석에 절어 있고 뼛속까지 전이된 악성 종양들이다. 헬조선도 그렇고, 권력을 두려워하는 마음도, 노동 천대도, 권리 불감증도 마찬가지다. '적폐란 상식을 무너뜨린 구조적 문제들이 우리 사회의 뼛속까지 찌들고 찌들어 지우기가 쉽지 않아서 혁명적 진단과 처방을 요구하는 찌든 때이자, 그때가 골수암의 원인균으로 작용하는 사회 체제의 모순이자, 그 모순에 중

독되어 있는 개인의 의식과 행위이다.'

  *적폐와 모순을 결합시키려 하지 않는 '보이지 않는 손'이 작동하는 것일까?*

  ，모순을 말하지 않으면서 적폐만 말하는 것은 권리를 무시하는 것이다. 적폐청산의 시작이 타자의 권리를 인정하고 사랑하는 순간부터다. 굳이 '역지사지(易地思之)'할 필요조차 없다. 존중받고 싶고 사랑받고 싶은 마음이 자연스럽듯이, 타인을 존중하고 사랑하는 언행의 시작은 타인의 권리를 인정하면서부터다. '권리를 사랑하는 상식'이란 타인의 권리를 제약하는 갖가지의 근거를 들이밀지 않는 것이 아주 자연스러움으로 존재하는 상태이다.

  그런데 역설의 상식만이 넘친다. 물론 조금씩 변화되고 있지만, 여전히 주류의 상식으로 작동하는 비정상과 가면으로 가려진 의사정상만이 지배적인 힘으로 작동하고 있다. 1등만이 있고 2등과 꼴찌가 없는 사회, 개인의 출세와 권력만을 존중하는 사회, 돈이면 전부인 사회의 모습이 사람과 사람의 관계를 앙상하기 그지없게 만든다. 사람들이 서로 주고받는 관계의 공동체성은 온데간데없이 사라지고, 그저 나만 잘나고 잘살면서 상대방을 이겨야할 대상으로 여기는 풍조뿐이다. 권력이 원하는 '민'의 삶이다. 권력에 대해 관심을 갖지 말고 오로지 생활의 쳇바퀴만을 돌리라는 삶의 구속이다.

이처럼 권력과 권리는 일상의 삶에서 늘 전투를 한다. 권력은 권리와 싸우지 않고 권리의 전투력을 약화시켜 전쟁을 하지 않고도 승리하는 중국 『손자병법』의 대원칙을 실현하려 한다. 그런데 권리는 권력의 산물이 아니라 권력을 만들어 낸 수원지다. '모든 권력이 국민으로부터 나온다.'는 헌법의 규정대로라면, 권리가 있어서 권력이 만들어진다는 원리는 아주 단순한 진리다. 이제는 남이나 구조만을 탓하지 말자. 자존감의 시작과 끝은 '자신의 권리'에 대한 '무한 사랑'이다. 우리들이 자신의 권리를 하찮게 여기면서 자존감을 찾겠다는 자기 모순에 빠지지 말자는 것이다. 권력의 어두운 터널을 빠져나왔다는 안도의 숨을 내쉬는 순간, 너무나 강렬한 빛 때문에 영원히 눈을 뜨지 못하거나, 눈을 뜨고 있어도 빛을 볼 수 없는 상태에 빠질 수 있기 때문이다.

*그래서 종종 나 자신에게 질문한다. 나는 나의 실제 주인인가? 나는 나에게 주인 노릇을 하면서 살고 있는가? 내가 권력의 주인이라고 하는데 정말 맞는가?*

다시금 모든 사람들에게 던지고 싶은 상식 수준의 질문이다. 물론 누구나가 자신의 주인임을 자처하면서 살아간다. 의지대로 알아서 스스로 하는데 뭐가 문제란 말인가. 주인이라면 자신의 존재감이 있어야 할 텐데, 나는 그것을 가지고 늘 확인하면서 살고 있느냐의 문제이다. 그런데 권리로 확인하는 존재감은 '무임 승차'의 터널 속에 참으로 오랫동안 갇혀 있다. 우리들 스스로 자신의 '권리 숨기기 혹은 권리 타자화'를 강요하는 것이 그것이다. 그동안 자신의 권리를 스스로가 짓밟아서 나타난 현상이 아닐까 생각한다. 이러한 '타성'에 중독되는 순간, 사람은 권력이 만들어 내는 허상의 굴레를 깨기 어렵다. 아니 실제로 허상이다. 왜냐하면, '사람 스스로가 내세울 우월함과 자존감이 빈약할수록 권력의 울타리 안에서만 자신의 권리를 바라보기 때문이다.

개헌을 전쟁으로 생각하는 이유가 이 안에 숨어 있다. 헌법 전쟁에 세계 11개 나라가 참여해서 권리와 권력의 모습이 드러나게 하고, 많은 사람들에게 한국 헌법과 세계 헌법을 동시에 바라보게 할 참이다. 개헌에 무관심한 채 투표장으로 가서 빨간색 인장의 의미가 무엇인지 알지도 못하는 헌법 전쟁의 부역자가 되는 것이 아니라 권리를 진정으로 사랑하는 헌법 전쟁의 전투 요원으로 살아가자는 바람이다.

## 1장

주권

다양한 소유

# 권리의 주체

'국민 주권'은 참으로 익숙한 이야기다. 국민이 주권자여서 권력을 만들어 낸다는 헌법의 최고 가치를 자주 말하고 들어서 그럴 것이다. 그런데 이 '국민 주권'을 들을 때마다 드는 의문이 있다.

한 나라의 주권자는 꼭 '국민'이어야만 하는 것인가? 헌법 전쟁은 그 해답을 풀어준다.

세계 주요 국가의 헌법이 주권의 주체를 어떻게 호명하고 있는가가 그 실마리다. 외국어로 표기된 인민(Popular, the People, Das Volk, el Pueblo, au Peuple)을 어떻게 해석하느냐가 또 다른 논란일 수 있고, 내국인이 보는 것과 외국인이 보는 차이도 있겠지만, 어떤 식으로 해석하든, '국민'이 아닌 것만은 확실하다. 권력을 만드는 선거에 모든 국민이 아닌 유권자들만 참여하는 것이고, 권리의 내용에 따라 국민이 아닌 모든 사람들이 누려야 할 보편적 권리가 존재하기 때문에, 세계 헌법은 주권의 주체를 '인민'으로 바라보고 있는 것 같다.

권리의 내용에 따라 권리의 주체가 다양해야 하는 것 아닌가?

어떤 권리의 주체는 국민이지만, 또 다른 권리의 주체는 사람이고 자연이 될 수 있는 것이다. 세계 헌법에 권리의 주체로 등장하는 인물들은 사람, 공민, 인간, 국민, 시민, 민족 등이다. 한 나라에 국민 말고도 이주 노동자, 관광객, 유학생 등 외국인이 함께 살아가고 있기 때문이다. 세계 헌법은 나라에 살고 있는 모든 사람들에게 권리의 주체성을 인정하고 있다.

사람이 국가의 부속품이 아니라 국가가 사람의 도구라는 관점으로 자기 자신을 혁명해 보자는 것이다. 노동과 생산성의 능력만을 위한 자기계발 혁명은 이제 그만하고, 자신의 권리를 위해 혁명하자는데, 당신은 참여할 수 있나? 권리 위에 잠자면서 혁명을 꿈꾸는 것은 상상이 아니라 망상이다.

같은 시공간에는 국민이 아닌 수많은 사람들과 함께 살아가고 있다. 사람이 먼저이고 국민이나 시민이나 공민은 그 다음이 아닐까?

그래서 헌법 전쟁은 국민 주권 혹은 인민 주권의 전투 이후부터는 주권의 주체나 권리의 주체를 공히 '민'이나 '사람'으로 부른다. 주체성을 바라보는 가치의 다름과 차이를 인정하면서도 포괄할 수 있는 이름이 '민'이나 '사람'이라고 생각해서다.

# 국민 주권 VS 인민 주권

## 당신을 부르는 호명의 다양성

당신은 다양하게 호명된다. 자식들에게는 아버지, 부부 사이에는 여보나 당신, 친구들끼리는 이름, 직장에서는 직급으로 불려 자신의 정체성을 확인한다. 당신을 부르는 사람이 누구인가에 따라 달라지는 것은 너무도 자명한 사실이다. 늘 부르고 부름당하는 이름이다. 어떻게 부르느냐에 따라 자신의 정체성이 규정되고는 한다. 같으면서 다르고 다르면서 같은 이름이다.

누군가가 당신을 어떻게 불러주길 원하나? 국가의 권력은 당신을 어떻게 불러야 하나?

한 나라에는 동질적인 사람들만이 사는 건 아니다. 그 내부는 너무나 다양하게 분화된다. 개인이면서 집단이고, 집단이면서 개인이다. 국민이 아닌 외국 사람들이나 다양한 국적을 가지고 있는 사람들도 있다. 서로가 부르는 호칭도 다르다. 사장님으로, 아니면 노동자 · 농민으로, 선생님으로. 잘 알지 못하는 사람에게는 ##사장님, ##사모님, ##선생님 등이라고 부른다. 물론 자신의 이름 말미에 자신이 속해 있는 직장의 직급이 붙어 불리는 것도 보통이다.

그런데 국가의 권력이 다양한 사람들을 한 묶음으로 부르는 이름도 많이 가지고 있다. 양민, 백성, 상민, 국민, 시민, 인민 등으로, 아니면 직업이나 재산의 정도에 따라 소위 노동자, 농민, 빈민, 서민 등도 그 방식이다. 또 다른 방식으로 집단화되는 경우도 허다하다. 지역, 출신, 학벌 등으로도 나뉘지 않는가. 또한 권력과 관계를 맺으며 살아가는 이상, 사람들은 지배자와 복종하는 자, 권력을 가진 자와 못 가진 자, 갑과 을로 분할된다.

*도대체 나 스스로 나를 어떻게 불러야 하는 것일까? 주권자라고 부르는 것은 어떨까?*

주권자는 국가와 사회에서 최고로 강한 권력자가 아닌가. 중세 시대의 왕이 주권자였듯이. 당신이 주권자라고 한다면, 당신은 주권자로서 국가를 통치할 수 있어서 좋을 것 같다는 상상을 해본다. 주권자야말로 국가의 권력과 권리의 주인이니까 말이다. 그런데 우리가 자주 범하는 오류가 하나 있다. 정치와 권력을 하나로 보듯이, 국가와 권력을 등치시키는 것이다. 국가는 다양한 권력과 권리로 구성되는 것인데, 우리는 국가를 호명할 때 '국가 권력'이라고 규정해 버린다. 세계 헌법들이 국가의 주권자를 선언하고 있다. 국가를 누가 지배하고 통치해야 하는가에 대한 해답이다. 보댕(J. Bodin, 1530-1596)은 이 문제를 쉽게 말하고 있다. '국가에 대한 최고 지배권은 권력이 아니라 주권이다.'


## 세계 헌법이 호명하는 당신


어느 나라를 가든 권력과 멀리 떨어져 살아가는 사람들은 보통 '민'에 해당한다. '민' 앞에 많은 접두어가 붙는다. 양민, 상민, 국민, 시민, 인민 등이다. 적지 않게 혼란스럽다. 실은 잘 이해되지 않는다. 그렇더라도 굳이 고민할 필요성을 느끼지 않는다. 그런데 나는 세계 헌법이 권리의 주체들을 다양한 방식으로 호출하고 있다는 사실만이라도 드러내고 싶다. 호명되는 방식에 따라 주권의 소재가 명확해지기 때문이다.

| 국가 | 주권자 호명 |
|------|-------------|
| 그리스 | 인민(Popular sovereignty) 주권(제1조 2항) |
| 남아공 | 인민(the people) 주권(전문) |
| 독일 | 인민(Das Volk) 주권(제20조 2항) |
| 미국 | 인민(the People) 주권(연방헌법 전문) |
| 스페인 | 인민(el pueblo) 주권(제1조 2항) |
| 일본 | 국민(国民は) 주권(전문) |
| 중국 | 인민(the people) 주권 (제2조) |
| 프랑스 | 인민(au peuple) 주권(제3조 1항) |
| 필리핀 | 국민(Filipino people) 주권(전문), 인민(the people) 주권(제2조 1항) |
| 한국 | 국민(國民) 주권(제1조 2항) |

    세계 주요 국가의 헌법에서는 주권의 주체를 다양하게 호명하고 있다. 외국어로 표기된 인민(Popular, the People, Das Volk, el Pueblo, au Peuple)을 어떻게 해석하느냐가 또 다른 논란일 수 있고, 내국인이 보는 것과 외국인이 보는 차이도 있다. 하지만 권력을 만드는 선거에 모든 국민이 아닌 유권자들만 참여하는 것이고, 권리의 내용에 따라 국민이 아닌 모든 사람들이 누려야 할 보편적 권리가 존재하기 때문에, 세계 헌법은 주권의 주체를 '인민'으로 바라보고 있는 것 같다. 유권자의 연령에 달하지 못한 청소년이나 유소년들도 권리의 주체성을 가지고 있다는 사실에 비추어

보면, 권리의 주체성을 '인민'이나 '사람'으로 규정하는 세계 헌법이 보다 인간적이라는 생각이 든다.

한국과 일본은 주권의 주체를 국민이라고 한다. 식민지 지배 관계의 유산 때문이 아닐까 궁금하지만, 역사의 질곡을 청산하지 못한 씁쓸함이 밀려온다. 그런데 1987년에 한국의 민주화 운동처럼 거리로 쏟아져 나온 '민'의 힘으로 독재 권력을 무너뜨리고 개정된 '필리핀공화국 1987헌법'은 국민과 인민을 동시에 쓰고 있다. 그 이외의 나라들은 모두 주권의 주체를 인민(the People)으로 규정하고 있다.

한 나라 안에는 국적이나 시민권을 가진 사람, 영주권만 있는 사람, 임시 체류자, 잠시 머물다 가는 여행자, 유학생, 외국인 등 많은 사람들이 살고 있다. 다양한 사람들이다. 국적을 전제로 하는 '국민'으로는 이 모든 사람들을 다 담지 못한다. 무엇이 적당할까 생각하면, '인민'이나 '사람'이 맞는 것 같다.

세계 헌법들은 헌법이 보장하는 다양한 권리들의 주체를 주권의 주체와 다르게 호명한다. 어떤 권리의 주체는 사람, 다른 권리의 주체는 공민, 또 무슨 권리의 주체는 인민이다. 이 헌법 속에서 권리 주체들을 다양하게 호명하는 사실에 대해서도 눈여겨볼 필요가 있다. 한국이나 일본만이 일관되게 권리의 주체를 국민으로 하고 있는 반면, 다른 나라 헌법들은 공민이나 시민, 사람, 인민 등을 권리의 주체로 등장시킨다. 그리고 헌법에서 21세기 사회주의를 표시한 중국이나 베네수엘라는 기본적으로 권력과 권리의 주체가 인민이다.

국민은 국가가 중심이 되어서 인간의 주체성을 배제할 요소가 있지만, 인민은 사람을 중심으로 국민뿐만 아니라 국적을 가지고 있지 않은 다른 사람들도 품을 수 있어서 그런 것이 아닐까 생각한다.

*자신이 인민으로 불리는 것이 정 부담스러우면 사람이라고 부르면 어떨까? 아니면 하고 있는 일의 성격을 드러내는 노동자나 농어민이나 상인 혹은 기업인과 같이 부르는 것은 어떨까?*

헨리 조지는 사회 발전의 과정에서 발생하는 빈곤의 원인을 토지 문제와 연계시키면 쓴 『진보와 빈곤』에서 국민이 아닌 사람의 보편성을 강조하였다. 1877년에 미국 전역은 불황이었고, 대다수 도시는 무질서에 빠지면서 전국적으로 소요사태가 발생하자 군대가 무장경계를 하고 있는 상황이었다. "사람은 자연이 공평하게 제공하는 모든 것을 평등하게 사용할 수 있는 권리도 갖고 있다. 이것은 자연적이며 양도할 수 없는 권리이다. 또 모든 사람이 세상에 태어나면서 취득하는 천부인권이며, 생존하는 동안에는 다른 사람의 동일한 권리만으로 제약할 수 있는 권리이다.* 따라서 주권재

---

* 헨리 조지, 『진보와 빈곤』, 살림, 2016, 168쪽.

민(主權在民)의 주체를 호명하는 것부터가 헌법 전쟁이고 권력과 권리가 벌이는 전투이다. '국민 대 인민'의 전투인 것이다.

국민이기 이전에 사람이고 시민이기 전부터 사람이었다. 같은 시공간에 국민이 아닌 수많은 사람들과도 함께 살아가고 있다. 사람이 먼저이고 국민이나 시민이나 공민은 그 다음이 아닐까? 그래서 이 책도 국민 주권 혹은 인민 주권의 전투 이후부터는 주권의 주체나 권리의 주체를 공히 '민'이나 '사람'으로 부르려 한다. 주체성을 바라보는 가치의 다름과 차이를 인정하면서도 포괄할 수 있는 이름이 '민'이나 '사람'이라고 생각해서다.

# 사람 권리 VS
# 국가 권리

## 사람의 부속품인 국가

법학을 전공하지 않지만, 늘 권리를 생각하면서 적지 않은 고민이 생긴다. 권리가 권력보다 우선이라고 여기는데 실제로는 그 반대라는 현실이 내 자존감을 구겼다. 일상에서는 권력이 권리를 지배하고 있고, 다음으로는 권력 시스템 앞에서 개인과 권리가 무력하다는 것이다. 사람들은 헌법이나 법률이 필요해서 이를 만들었을 터인데 그것들이 오히려 사람을 통제하고 구속하는 '필요의 딜레마'에 빠져든다. 필요함이 수단이 아니라 목적으로 변해버리고, 그 목적의 늪에서 헤어나지 못하는 상태가 계속해서 변하지 않는다면, 그것이 딜레마가 아니겠는가.

헌법에는 수많은 권리가 명시되어 있는데, 나는 실제로 그러한 권리의 주인인가? 주권재민은 권력의 시작도 '민'이고 중간이나 끝도 '민'이라는 것 아닌가?

헌법이 다양한 권리를 보장한다고 하는데, 그러한 권리는 어디에서 왔고, 헌법은 대체 어디서 유래해 어떤 힘을 가지고 있기에 나에게 권리를 보장한다는 것인가. 헌법이나 헌법 속 권력과 권리를 그저 당연한 것으로 여긴다면 모르겠지만, 의문을 포기하지 않는 이상, 이에 대한 전문가의 해설이 있지 않고서야 어찌 알 수 있겠는가.

그럼 헌법이 최고 가치로 여기고 있는 주권은 무엇인가?

주권은 국가의 의지를 실현할 권한과 이 권한의 집행에 필요한 물리적 강제력에 대해 지배력을 행사할 수 있는 국가의 최고권이다. 주권자가 국민이라면 당연히 그 권한과 지배력을 국민이 보유하는 것이다. 국가를 좌우할 권한이 주권자에게 있다는 의미이다. 국가를 구성하는 여러 권력 요소들 중에 최고라는 사실이다. 최고 권력자는 대통령이나 수상이나 입헌군주가 아니라 주권자인 '국민'이다. 종교 전쟁 시기에 프랑스의 법학자이자 사상가였던 보댕(J. Bodin)은 『주권론』을 창시하면서, 그는 "주권을 영구적이고 양도할 수 없는 국가의 최고권"이라고 정의하였다. 국가의 다양한 권력들 중에서 주권이 최고라는 사실에 주목할 필요가 있다.

어떤 국가든 국적을 가지고 있는 사람과 그렇지 않은 사람들이 무리를 지으며 살아가고 있다. 국적을 가지고 있는 사람과 그렇지 않은 사람이 섞여 있고, 투표로 권력을 만든다는 전제에서 볼 때 유권자와 유권자가 아닌 사람들이 한 나라에서 살아간다. 고대 사회의 대표적 철학자인 아리스토텔레스는 사람의 본성적 욕구에서 권력의 출현을 찾는다. "사람들이 모여 살면서 서로 의존하며 하나의 공동체를 이루는 것은 사람의 본질적이고 원초적인 사실이다. 가정 또는 가정과 촌락으로 대표되는 원초적 결사들이 유기적으로 성장하면서 국가가 발생하였다."* 생명과 안전이 사람의 생존 욕구 중에서 가장 근본이어서 그렇게 말했을 것이다. 사람이 살아가는 삶의 부속품 중의 하나가 국가라는 관점이 들어가 있다. "우리는 먼저 사람이어야 하고, 그 다음에 국가와 국민이어야 한다고 나는 생각한다. 법에 대한 존경심보다는 먼저 정의에 대한 존경심을 기르는 것이 바람직하다. 내가 떠맡을 권리가 있는 나의 유일한 책무는, 어떤 때이고 간에 내가 옳다고 생각하는 일을 행하는 일이다."**

---

\* 아리스토텔레스, 천병희 옮김, 『정치학』, 숲, 2009, 20-21쪽.

\*\* 헨리 데이비드 소로우, 강승영 옮김, 『시민의 불복종』, 은행나무, 2012, 21쪽.

한 국가에 살고 있는 모든 사람들이 권리에서 차별이 있으면 좋겠는가? 세계화 시대에 걸맞게 누구나가 권리를 누리는 것이 좋겠는가? 이 질문에 대한 정답의 실마리를 헌법 전쟁에 참여한 아래의 세계 헌법에서 찾아보면 어떨까.

## 세계 헌법에 등장하는 모든 사람

세계 헌법을 들여다보면, 권리의 주체들이 참으로 다양하다. 사람, 인간, 공민, 민족 등이다. 어떤 권리의 주체는 사람이고, 또 어떤 권리의 주체는 국민이거나 공민이다. 개인이든 집단이든 권리의 내용에 따라 주체가 서로 다르다.

| 국가 | 권리의 다양한 주체 |
|------|------------------------------|
|      | 권리의 내용 |
| 그리스 | 사람(person) |
|      | 모든 사람(all person/every person)에게 국적 확보 권리(제4조 3항), 생활권 보장(제5조), 법적 권리 보장(제6조, 제8조), 사상의 자유 보장(제14조). |

| | |
|---|---|
| 남아공 | 공민(citizenship), 사람(people, everyone, person) |
| | 모든 공민(citizens)은 남아공의 권리와 의무를 보유(제3조), 모든 사람(all people)이 권리장전의 권리 보유(제7조 1항), 평등권(9조), 인간 존엄권(10조), 생활권(11조), 자유와 개인의 안전권(12조), 프라이버시(14조), 종교와 신념(15조), 집회결사시위(17조, 18조), 저항권(21조), 노동권(23조) 등을 모든 사람(every one)이 보유. |
| 독일 | 국민(Deutsche Volk), 인간(Menschen) |
| | 주체가 사람(person, people)인 헌법 조항은 인간 존엄의 보호(제1조), 보편적 인격권(제2조), 법 앞에서의 평등권(제3조), 신앙, 양심과 신념의 자유, 병역 거부(제4조), 자유로운 의사표현의 자유(제5조), 헌법 조항(제33조)은 국적을 보유하고 있는 독일 국민(deutsche Volk)의 권리를 규정. |
| 베네수엘라 | 사람(person) |
| | 모든 사람은 자신의 인격의 자유로운 발전에 대한 권리 보유(제20조), 모든 인간의 창조적 잠재력의 발전과 민주적 사회에서 그들의 인격의 완전한 행사(제102조), 인간의 전면적 발전의 보장(제299조). |
| 스페인 | 국민(la Nación), 인민(la popular), 시민(ciudadanos) |
| | 인간의 존엄, 인간의 고유한 불가침의 권리, 인격의 자유로운 발현, 법의 존중 및 타인의 권리 존중은 정치 질서 및 사회 평화의 기본(제10조 1항), 기본적인 모든 권리 및 헌법이 인정하는 자유에 관한 규범은 세계인권선언과 스페인이 비준한 인권에 관한 국제조약 및 협정에 따라 해석(제10조 2항). |
| 일본 | 국민(国民は) |
| | 모든 권리와 의무의 주체는 국민(제3장). |
| 중국 | 민족(nationalities), 사람(person), 공민(citizen) |
| | 다민족 국가인 중국은 민족(nationalities)의 주체성을 평등하게 규정(제4조). |

| 프랑스 | 시민(citoyen), 사람(être, homme) |
| | 인간의 보편적 권리 보장(인권선언 제1조), 시민적 권리(헌법 제34조), 모든 사람에 대한 사형 폐지(헌법 제66-1). |
| 필리핀 | 국민(Filipino people), 사람(person), 시민(citizen) |
| | 주권의 주체는 필리핀 국민(전문), 모든 사람은 생활 권리 보유(제3장 1조), 모든 사람은 법 앞에 평등, 사상의 자유를 보유(제3장 14조-18조), 공민권은 국적을 보유하는 조건과 의무에 따름(제4장 제1조-제22조). |
| 한국 | 국민 |
| | 국민이 모든 권리와 의무의 주체(제헌헌법, 유신헌법, 1987년 개정헌법). |

세계 헌법에는 모든 사람(everyone, all persons)이 등장하고, 이 사람들을 공민권자나 국민과 구분하고 있다. 사람이 보편적으로 누려야 할 권리와 국민이 누려야 할 권리를 구분하고 있는 것이다. 사람이면 누구나 누려야 할 기본 권리의 주체는 대부분 '인간'이나 '모든 사람'으로 표기하였다. 반면 중국처럼 소수 민족의 주체성을 보장할 때는 '민족(nationalities)'을 주체로 하거나, 국적과 관련된 조항에서는 독일이나 필리핀처럼 시민(공민)권(citizenship)이나 국민이 주체가 되는 경우가 일반적이다.

한국이나 일본처럼 '국민'으로 통일하면 될 텐데, 권리의 주체를 다양하게 규정하는 이유는 무엇일까?

사회는 변해 왔다. 사람의 관계도 그 변화에 맞게 진화를 거듭

했다. 신에서 인간이 해방되기도 했고, 그러한 인간이 개인으로 혹은 집단이 개별로 미세하게 분화되면서 사회적 관계의 망이 촘 촘해지고 복잡해졌다. 삶의 조건이 발전하는 변화가 지속적으로 있어 왔다. 순수한 자연 생활과 시민의 자유를 추구했던 헨리 소 로우(H. D. Thoreau)는 이를 진보로 여긴다. 생활에 필요한 물질적 조건이나 사회를 관리하는 시스템이 발전했다는 것이다. 사회의 생산력과 인간의 생활 조건이 발전적으로 변하는 것에 주목하였 다. 그러면서 그는 개인과 인간에 대한 국가의 역할을 다음과 같 이 강조한다. "엄정하게 말하면, 전제군주에서 입헌군주제로, 입 헌군주제에서 민주공화제로 진보해 온 것은 개인에 대한 존중을 향해 온 진보이다. 인간의 권리를 인정하고 조직화하는 방향으 로 한 걸음 더 나아갈 수 없을까? 국가가 개인을 보다 커다란 독 립된 힘으로 보고 국가의 권력과 권위는 이러한 개인의 힘으로부 터 나온 것임을 인정하고, 이에 알맞은 대접을 개인에게 해줄 때 까지는 진정으로 자유롭고 개화된 국가는 나올 수 없다."* 개인이 권력에 대한 저항의 과정에서 출현한 만큼, 국가는 권력으로부터 개인을 보호하고 각각의 개인에게 그에 상응하게 보답하라는 것 이다.

* 헨리 데이비드 소로우, 강승영 옮김, 『시민의 불복종』, 은행나무, 2012, 68쪽.

## 2장

공화국

나누어 가진 권력

# 우리는 민주공화정을 알고 있는가?

공화주의 가치는 아름다운 것 같다. 그렇지 않고서야 어떻게 헌법을 가지고 있는 세계 모든 국가가 공화주의를 내세우겠는가. 특정한 사람이나 세력이 권력과 지배를 독점하지 않는 점에서 그럴 것이라고 생각한다. 한국도 자유민주공화정이다. 우리가 알고 있는 많은 국가들이 자유민주공화정일 것이라고 판단하게 하는 근거이다.

그런데 우리가 알고 있는 많은 국가가 자유민주공화정일까?

헌법 전쟁은 그 탈출구를 찾아 나섰다. 인민민주공화정, 주권민주공화정, 의회공화정, 의회군주공화정, 입헌군주공화정, 입헌천황공화정, 연방공화정 등이다. 중국의 인민민주주의공화정은 북한 때문에 조금 익숙한데, 그리스의 의회공화정이나 스페인의 의회군주공화정과 일본의 입헌천황공화정을 국체로 삼고 있는 헌법의 규정이 새삼스럽다. 중세시대의 왕족이 권력으로 존재하는 공화정이니 말이다.

주권자의 권리가 중심이 되는 공화정은 어떤 것일까?

이처럼 공화의 의미는 바라보는 가치와 기준에 따라 다양하다. '공화'는 그저 해묵은 것조차, 낡은 것과 새로운 것까지 서로 인정하고 묵인하는 '침묵의 울타리'와 같다. 권력이 추구하는 '공화'와, '민'이 생각하는 '공화'는 다르다. 권력은 권력 주체들의 힘을 보장하는 '공화'를, '민'은 권력을 견제하고 통제할 수 있는 권리의 공화를 내세운다.

세계 헌법은 주권재민을 가치로 규정하고 있다. '민'의 주권을 권력의 원천으로 삼고 있다. 헌법을 둘러보기만 한 사람도 다 알고 있는 사실이다. 모든 권력이 '민'으로부터 나왔다는 정당성이다. 대의제 선거로 대통령과 국회의원을 선출하고 있으니까, 권력의 일부가 국민으로부터 나오는 것은 맞는 말이다. 그럼 선출되지 않는 그 이외의 권력들, 예를 들면, 사법 권력이나 공공 기관의 권력들이 국민으로부터 나온다고 해야 하는지, 아니면 선출하지 않은 권력이니 정당성이 없다고 해야 하는지.

그래서 권력 분립의 원칙도 새롭게 상상할 필요가 있지 않을까?

권력과 권리를 실제로 같이 작동하는 차원에서 권력 분립의 틀이나, 또는 권리가 권력을 통제할 수 있는 틀을 상상해서 권리가 실질적인 권력이 되도록 하는 것이다.

# 민주공화국 VS 사회공화국

## 헌법의 뿌리 권력

헌법학자들의 울타리까지 넘어뜨려 가면서까지 헌법의 기원을 파헤치고 싶지도 않고, 그럴 능력도 없다. 단지 그것을 고민하거나 헌법의 출현에 대해 의구심을 갖는 사람들에게 '헌법에 대한 새로운 눈이 필요하다'고 말하는 것까지 포기할 수 없어서, 헌법 전쟁이라는 틀로 개헌 논의의 한 귀퉁이를 차지하고 앉았다. 헌법을 국가와 권력의 눈으로만 바라보는 이들과 벌이는 전투이자, 개헌의 형식과 내용을 놓고서 전투를 시작하는 것이다.

헌법의 뿌리가 영국이어서 그런지, 성문헌법이 없고 입헌군주제임에도 불구하고 영국을 민주주의 국가로 여기는 것일까. 헌법의 뿌리에 대한 이야기 속으로 잠시 들어가 보자. 17세기 말 영국의 왕당파와 의회파는 왜 500여 년 전에 있었던 「마그나 카르타(대헌장)」를 다시 발견했을까?

익히 알고 있는 사실이지만, 「대헌장」이라고 말하는 「마그나 카르타」는 1215년 6월 15일, 전쟁을 위해 세금을 조달하고자 했던 잉글랜드의 존(John) 왕과 그러한 세금 정책에 대해 저항한 귀족들이 서로 합의해서 만든 평화 협정 문서이다. 왕권을 제한하고 귀족들의 권리를 확장시킨 63개 조항의 문서인 것이다. 그런데 이 문서는 법 앞에서 왕이든 누구든 평등하다고 규정하였다. 귀족들이 절대군주의 권력을 제한하기 시작한 것이다.

17세기 말에는 귀족들의 권리를 앞세우는 의회파와 국왕의 절대 권력을 옹호하는 왕당파가 서로 권력 투쟁을 하게 되었다. 의회파와 왕당파는 이 과정에서 자신의 정당성을 주장하면서 왕과 의회의 권한을 재구성하고 재현(re-presentation)하기 위한 결정적 근거를 「마그나 카르타」에서 찾으려 하였던 것이다. 그래서 「대헌장」은 의회파들에게 역사의 자리를 제공한 1682년 「권리청원」 및 1689년 「권리장전」과 함께 영국의 입헌주의의 디딤돌이었다. 헌정이나 헌법을 말하는 사람마다 다르게 이해하면서도, 공통점 하나를 찾으려면, 그것은 아마도 '권력이 권리를 인식하고 존중해야 하는 필수 지침이자, 나라 안에 있는 모든 구성원들이 지켜야 할 나라의 틀'*

---

* 김현철, 「자유와 평등의 권리장전을 위한 헌정투쟁」, 《황해문화》, 2017 가을, 16-17쪽.

이다. 헌법의 어머니라고 해도 그리 틀린 말이 아니다.

*그런데 한 발짝 더 나가서 그 어머니가 무엇을 어떻게 잉태하였는가는 알 필요가 있지 않을까?*

헌법의 어머니는 왕정제의 절대 권력에 대항한 권리를 품고 있다. 왕이 혼자서 결정한 세금을 내지 않겠다는 귀족의 반발이었다. 세금으로 전쟁도 해야 했고, 왕족들의 의식주도 해결해야만 했었다. 집단적으로 힘을 발휘한 귀족들이 승리했고, 그 전리품으로 자신의 권리를 담아내는 헌법의 어머니를 만들었다. 귀족과 상의하지 않고 세금을 결정한 왕을 무력화시키면서, 왕과 귀족이 서로 협의하여 결정하는 의회(Convention)와 공화(Republic)의 씨앗까지 발아시켰던 것이다. 권력을 구속하는 권리의 힘이 발휘되있다. 왕정제 국가의 전제군주가 자의적으로 행사하는 권력을 제한하였던 것이다. 근대 국가의 출현을 알리는 입헌주의(constitutionalism)의 예고편이었다. 의회파와 왕당파들은 당시 힘을 가지고 있는 왕과 귀족이 상생하는 차원에서 '나라의 틀'을 마련하게 되었다. 누구나가 권력을 보유하자는 가치와 인간의 본성적 권리인 자유로움과 평등함을 담아내는 이러한 '나라의 틀'이 있기에, 성문헌법을 가지고 있지 않아도 영국을 민주주의의 요람으로 바라보는 눈이 사라지지 않는 것 같다.

## 세계 헌법의 공화정

공화국은 '민'에게 주권이 있는 국가의 지배 형태이다. 우리가 알고 있는 민주적 국체(國體)를 말한다. 이러한 형태는 전제 왕정이나, 절대주의 군주정 그리고 폭군정과 다르다. '민'도 국가의 권력 주체가 되어 자신을 스스로 대표한다. 그렇지만 세계 헌법들은 공화국의 정체(政體)와 가치가 다르다는 것을 보여주고 있다.

| 국가 | 공화정의 유형 |
|---|---|
| 그리스 | 의회공화정(제1조 1항) |
| 남아공 | 주권민주공화정(제1조: 인간 존중, 인권 신장, 자유 신장, 성차별 금지, 인종차별 금지, 복수 정당제 및 참정권이 보장되는 주권민주공화정) |
| 독일 | 민주적 · 사회적 연방공화정(제20조 1항) |
| 미국 | 자유민주주의 연방공화정(연방헌법 전문) |
| 스페인 | 의회군주공화정(제1조) |
| 일본 | 입헌천황제국민공화국(제1조) |
| 중국 | 인민민주공화정(제1조) |
| 프랑스 | 불가분적 · 비종교적 · 민주적 · 사회적 공화국(제1조 1항, 제2조 5항) |
| 필리핀 | 미주공화정(제1조) |
| **한국** | **자유민주공화정**(전문, 제1조) |

참고1 : 남아공 헌법은 공화정을 규정하지 않고 있다. 하지만 다른 나라의 헌법에 비해 사람들의 주권과 권리를 적극적으로 규정하고 있어서, 내가 일부러 주권민주공화정이라고 명명한 것이다.

참고2 : 일본 헌법은 공화정을 규정하지 않고 있지만, 천황제와 국민의 권리를 동시에 규정하고 있어서, 내가 일부러 '입헌천황제국민공화국'이라고 명명한 것이다.

나만의 무지였으면 좋겠다. 중국의 인민민주주의 정체는 북한 때문에 조금 익숙한데, 그리스의 의회공화정이나 스페인의 의회군주공화정과 일본의 입헌천황공화정을 국체로 삼고 있는 헌법의 규정이 새삼스러웠다. 중세시대의 왕족이 권력으로 존재하는 공화정이다. 그런데 남아공의 주권민주공화정과 공화국의 정체성을 다양하게 규정한 프랑스가 나를 가뿐하게 하였다. 나는 그동안 모든 권력이 국민이나 인민으로부터 나온다는 공화정의 허상을 말하고는 했다. '을' 중의 '을'이 하는 말에 귀를 기울이지 않아 답답했던 마음을 일거에 트이게 하는 사실이니 말이다. 특히 프랑스와 남아공의 정체는 헌법의 권력과 권리가 담아내야만 할 가치들을 주권자의 입장에서 규정하고 있다.

미국을 자유민주주의공화국으로 알고 있는 사람들이 많을 것이다. 경제적으로 세계 최고 선진 국가 중 하나이고, 이념적으로 공산주의에 반대하면서 공산화의 수렁에 빠진 한국을 구한 우방 국가라고 간주할 수 있다. 맞으면서도 틀린 생각이다. 미국의 50개 주는 각자 헌법을 가지고 있다. 이런 주들이 모여서 만든 연방국가가 미국이다. 나라의 정체를 '자유민주주의연방'으로 내세우는 연방공화국인 것이다. 연방헌법의 경우, 공화정의 성격을 명시적으로 규정하고 있지 않지만, 헌법 전문에서 완벽한 연방의 형성, 정의의 확립, 안녕의 보장과 공동의 방위 도모, 복지의 증진 등을 확보한다는 목적이 제시되어 있다.

공화의 의미는 바라보는 가치와 기준에 따라 다양하다. '공화'는 그저 해묵은 것조차, 낡은 것과 새로운 것까지 서로 인정하고 묵인하는 '침묵의 울타리'와 같았다. 그래서 권력이 추구하는 '공화'와, '민'이 생각하는 '공화'는 다르다. 권력은 권력 주체들의 힘을 보장하는 '공화'를, '민'은 권력을 견제하고 통제할 수 있는 권리의 공화를 내세운다. 공화정의 혼합정체가 역사적으로 왕, 귀족, 평민 사이에 힘의 견제와 균형을 실현했다고 하지만, '민'은 공화정 아래에서 권리를 실현하려면 '3중의 장벽'을 넘어서야 한다. 입헌공화정이 보장하고 있는 왕과 귀족들의 기득권, 시민사회의 주도권을 확보하고 있는 부르주아지들의 기득권, 그리고 이런 기득권 세력과 함께 '민'의 권리를 중간에서 왜곡하고 변형시키는 대의 세력의 기득권 등이 장벽이다.

'공화주의'는 이러한 3중의 장벽을 시민적 덕성(civic virtue)으로 포장하였다. 공화주의 도덕 모델이다. 이 모델은 기본적으로 개인으로 하여금 개인적 이익이나 권리보다 공공선에 대한 봉사와 의무를 추구하게 하면서, 개인을 윤리, 덕목, 자질, 헌신과 봉사의 정신(civic culture) 등을 최고의 가치로 삼게 한다. 맥코믹(McCormick)은 마키아벨리의 민주주의를 새로운 시각으로 보면서 공화주의 권력 모델을 다음과 같이 비판한다. "공화주의는 일반적으로 '민'의 도전으로부터 엘리트의 기득권과 특권을 보호하고 이른바 중립적이거나 탈정치화된 전문가들이 민중을 대신하도록 결정권을 부과하는 체계이다."* 공화주의가 절대군주제의 기득권 체제를 무너뜨리는 것이 아니라 오히려 '민'을 배제하는 권력 시스템으로 변신해서 기득권을 보다 안전하게 유지하게 하였다는 역설이다.

* 니콜로 마키아벨리, 박상훈 옮김, 『군주론』, 후마니타스, 2014, 80쪽.

# 권력 과점 VS
# 권리 배제

## 권력 분립으로 포장된 권력 독과점

민주주의 기본 원리 중 하나는 권력 균형이다. 권력이 서로가 서로를 견제하면서 권력 시스템을 운용한다는 가치이다. 대표적인 나라가 미국이다. 미국은 몽테스키외(B. Montesquieu)와 로크(J. Locke)의 권력 분립을 수용하여 권력 구조를 만들었다. 입법, 사법, 집행(국제 관계 포함한 행정)의 권력이 서로 분리되어 각 권력에 대한 비판과 견제의 권한을 부여한 것이다. 프랑스 혁명의 「인권선언」 제16조도 "권력의 보장이 확보되지 않고, 권력의 분립이 확정되어 있지 않은 사회는 헌법을 갖고 있지 않다."라고 선언하고 있다.

그런데 분립된 권력이 권리의 제약이나 통제를 받지 않을 경우, 분립된 권력들끼리 권력 카르텔을 형성하여 권력을 독과점하고 부정부패를 서로 주고받는 권력 구조가 권력 분립의 틀 안에서 만들어진다. 이 카르텔의 의도는 복잡하지 않다. '민'의 권리가 권력을 간섭하지 못하게 하면서 동시에 그것을 지배하기 위한 권력만의 울타리를 만든 것이다. 한국이 2018년에 헌법 전쟁을 하게 된 것도 그러한 틀 속에서 발생한 각종 국정 농단을 반성하고 예방하는 차원이 아니겠는가.

그러나 권력 분립의 원조라 하는 미국 헌법을 비판하는 목소리도 존재한다. 다원적 민주주의의 세계적 석학자인 로버트 달(R. A. Dahl)은 1956년에 미국 연방헌법을 신랄하게 비판하였다. 권리를 위해 싸웠던 주체들을 배제하였고, 민주주의가 권력 간의 견제와 균형으로 바뀌어 버렸다고 하였다. "미국 헌법을 정초한 매디슨의 민주주의관은 권력의 헌법적 균형만을 고집함으로써 갈등하는 집단들 사이에 사회적 균형의 문제가 배제되었다. 의회와 대통령, 사법부라고 하는 권력 간의 수평적 균형의 문제로 민주주의를 축소시킨 것이다."*

또 다른 목소리도 있다. 대표적인 공리주의 철학자로서 대의 제도를 옹호했던 밀(J. S. Mill)이다. 권력 분립의 원조라고 하는 미국의 공화정을 비판적으로 말한다. 미국의 공화정이 권력 분립과 대의 제도를 도입하여 직접민주주의의 핵인 자치를 포획해 버렸

---

* R. A. Dahl, A Preface to Democratic Theory, 마키아벨리, 박상훈 옮김, 『군주론』, 후마니타스, 2014, 78쪽.

다는 것이다. 밀이 『자유론』에서 공화정 체제의 대의 제도를 다음과 같이 술회하고 있다. "미국이 민주공화정을 수립하고 국제 사회의 열강 가운데 하나로 떠올랐으며, 선거로 수립되어 인민에 대해 책임을 져야 할 정부가 되고 난 이후, '자치'나 '인민의 자기 자신에 대한 권력 행사'라는 등의 말들은 문제의 본질을 정확하게 표현하지 못하게 되었다. 자치라고 말하지만, 실제로는 각자가 스스로를 지배하기보다, 각자가 자기 이외 나머지 사람들의 지배를 받는 정치 체제가 되고 있다."*

그 결과 사회적으로 참여와 평등의 가치를 약하게 만들었다. 로버트 달은 국가의 분권형 권력 구조가 권력 간 리그로 '권력 카르텔'을 형성해서 '민'의 권리를 권력으로부터 배제하고 있다는 사실에 주목한 것이다. '권력 카르텔'을 다른 말로 설명해 보자. 특정한 담합의 울타리 내에서 끼리끼리 권력을 나누는 방식으로 권력 시스템이 작동한다는 의미이다. '민'은 이 시스템 속에서 자연스럽게 배제된다. 미국의 권력이 즐겨 쓰는 회전문 인사 정책을 반면교사로 여기면 된다.

---

* 존 스튜어트 밀, 서병훈 옮김, 『자유론』, 책세상, 2005, 20-21쪽.

## 사람으로부터 나오는 권력의 이면

'그놈이 그놈이네, 그 밥에 그 나물이네.' 정치인들이 정당을 새로 만들거나, 새로운 정치 세력이라고 선언하기는 하는데, 실제로는 '새로움'이 전혀 없는 경우를 두고 하는 말이다. 권력도 마찬가지이다. 많은 권력자들이 바뀌었지만 권력의 시스템은 견고하다. 관료제도 그렇거니와 각종의 권력 기구들도 마찬가지다. 권력 시스템 속으로 권리가 들어가지 못하는 구조인 것이다.

| 국가 | 권력의 발원과 의무 |
|---|---|
| 그리스(제1조 3항)<br>남아공(제1조)<br>독일(제20조 2항)<br>미국(전문)<br>스페인(1조 2항)<br>중국(제2조)<br>프랑스(2조 5항, 제3조)<br>필리핀(전문. 제1조)<br>한국(1조 2항) | * 모든 권력은 인민(국민)으로부터 나온다.<br>* 모든 권력은 인민의, 인민에 의한, 인민을 위한 정부를 구성한다.<br>* 정부의 주요 의무는 국민을 보호하고 국민에게 봉사하는 것이다.<br>* 모든 권력은 인민과 국가를 위해 존재한다.<br>* 모든 권력은 인민에게 속한다. |

세계 헌법은 주권재민을 가치로 규정하고 있다. '민'의 주권을 권력의 원천으로 삼고 있다. 헌법을 둘러보기만 한 사람도 다 알

고 있는 사실이다. 모든 권력이 '민'으로부터 나왔다는 정당성이다. 그런데 세계 헌법은 한국이나 일본의 헌법과 달리 권력의 의무를 제시하고 있었다. '민'을 위한다는 단서 규정이 뒤따랐다. '민'을 위하지 않는 권력은 위헌의 소지가 있는 것이다. 중국 헌법은 모든 권력이 사람으로부터 나오기도 하지만 사람에게 속한다는 규정을 제시하였다. 권력을 소유하는 주체가 명시되어 있다.

중국처럼 권력의 소유 주체를 명시하지 않은 주권재민은 사람을 권력에서 배제하는 측면도 가지고 있다. 물론 권력을 소유한다는 것도 그 형식과 내용이 불문명하다. 내가 권력을 행사하는 것도 없는데 말이다. 사람으로부터 나온 권력이 맞기는 하지만, 권력을 소유하는 주체는 국가이다 보니, 헌법이 권리와 권력을 떨어뜨려 놓는 것이 아닐까 상상한다. 세계 헌법이 규정하고 있는 권력과 사람의 주종 관계를 보더라도, 권력이 주이고 사람이 종인 아이러니가 있다. 이 지점에서 주권재민의 딜레마가 발생한다. 만약 사람이 만든 권력이 사람을 통제하거나 억압할 경우나, 권력을 사람으로부터 떼어낸 후에 특정한 세력에게만 우호적인 권력의 시스템이 작동되는 경우가 있다는 것이다.

당신은 권력 시스템을 소수 정치 엘리트가 독과점한다는 사실을 인정하는가? 당신은 권력 시스템을 공유하고 싶은 마음이 없는가?

지배 세력은 역사적으로 권력을 독점하다가 공화정에 이르러서 독과점하는 양상을 보이고 있다. 대의제 선거로 대통령과 국회의원을 선출하고 있으니까, 권력의 일부가 국민으로부터 나오는 것은 맞는 말이다. 그러면 선출되지 않는 그 이외의 권력들, 예를 들면, 사법 권력이나 공공 기관의 권력들이 국민으로부터 나온다고 해야 하는가, 아니면 선출되지 않는 권력이니 정당성이 없다고 해야 하는가. 선출된 권력자의 선택과 결정에 대해서는 무엇이든 정당성이 있다고 여겨야 하는 것인지도 혼란스럽기는 매한가지다. 주권재민의 딜레마가 아닐 수 없다.

이러한 딜레마가 존재하는 한, 사회적으로 '을'이 계속해서 출현할 것이다. 그들은 공화정의 권력 구조 속에서 자신을 대표할 정치적 주체가 존재하지 않는다고 한다. "사회적 약자들인 을들과 병, 정 등과 같은 을 중의 을들은 대표가 없다면 정치적으로 존재하지 않게 되거나 아니면 자신의 목소리를 들리게 하기 위해 늘 목숨을 건 필사적인 싸움을 전개하는 수밖에 없다."* 대의 제도로 갑을 대표하겠다고 나서는 대표자들은 있을지 몰라도, '을'을 대표하는 정치적 주체들이 권력 카르텔의 틀로 진입하기가 쉽지 않다.

권력과 권리가 실제로 같이 작동하는 차원에서 권력 분립의 틀

---

* 진태원, 「을의 민주주의를 위한 정치철학적 단상」, 《황해문화》, 2017년 가을, 71쪽.

을 만드는 것이다. 사람의 권리를 배제하지 않는 권력 분립이 구상이다. 밀은 『자유론』에서 권리가 권력을 제한할 두 가지 방법을 제시하였다. 공리주의자답게 권력의 관료화에서 비롯된 비민주주의를 극복해야 한다고 한 것이다. "첫째, 정치적 자유 또는 권리라고 하는 어떤 불가침 영역을 설정하고, 권력자가 이를 침범하면 의무를 위반한 것으로 간주해서 피지배자들의 국지적 저항이나 전면적 반란을 정당한 것으로 인정한다. 둘째, 좀 더 시간이 흐른 뒤에 통용된 것이지만, 국가가 중요한 결정을 내릴 때, 구성원 또는 그들의 이익을 대표하는 기관의 동의를 얻도록 헌법으로 규정한다." 그가 제시한 방향은 '권리의 권력화'였다. '민'의 권리를 대의하는 의회만이 아니라 '민'에게 동의를 얻어야 한다는 혜안이다.

## 3장

권력 구조

제왕의 신민

# 제왕적 대통령제란 무엇일까?

• • • •

• • • •

• • • •

• • • •

　당신은 왜 권력자들 앞에서 당당하지 못한가? 아니라고 자신 있게 말하는 사람들이 사회 구석구석에 많이 있으면 좋겠다. 권리를 사랑하는 힘은 권력을 주체적으로 바라보게 하지만, 권력을 우상화하는 힘은 굴욕적인 권리의 부끄러움조차 느끼지 못하게 한다. 헌법 전쟁은 권리 헌장의 씨앗을 뿌리고 있다.

　개헌 전투는 제왕적 대통령제의 문제점에서 발원되었다. 사람들이 생각하는 대통령제는 아주 간단하다. '훌륭한 사람이 대통령이 돼서 국민을 위해 일 잘하면 그만이고, 한 나라의 최고인 사람이 권력을 행사하는 것이다. 최고의 권력이 대통령 한 사람에게 집중되는 제도이다.' 대통령이 나랏일에 대한 권한을 대부분 다 가진다. 법률안을 제안하고 결정하는 입법부의 권한, 사법부에 대해 인사 권한,

기타 권력 기관의 인사 권한 등은 권력 분립이 아닌 권력 독점의 현상이다.

독재자들이 권한을 독점하는 형태라고 할 때, 각종 권한을 독점한 대통령제는 독재의 씨앗이 될 수 있는 것 아닌가?

그렇지만 사람들 생각은 다른 것 같다. 대통령은 한마디로 왕의 재탄생이고, 보통 사람들의 힘을 훨씬 뛰어넘는 존재가 권력으로 명령할 수 있다는 의식이 지배한다. 대통령에 대한 제왕적 상징 의식을 당연시 한다. 특히 그들의 죽음에 대한 태도들이 그렇다.

대통령이 없는 나라가 없다. 대통령제가 아니면 군주나 천황이 있고, 의원내각제를 하면서도 대통령이 있다. 세계 헌법은 대통령제와 의원내각제 요소가 결합되는 혼합형 권력 구조가 보편적이라는 사실을 말해 준다.

그런데 대통령제든 의원내각제든 아니면 이원집정부제든, 카르텔 구조 속에서 권력이 작동한다면, 또는 권력에 보장되는 각종의 특권들이 그러한 카르텔을 구축하는 힘으로 작용한다면, '민'의 권리가 앉아야 할 자리에 관료와 권력 엘리트가 대신하는 권력의 시대가 지속된다. 헌법 전쟁은 권력자의 권력을 위해 수단과 방법만이 난무하는 '과두제의 철칙'을 '민'의 권리가 권력을 관리하고 제한할 수 있는 '권리 지배의 철칙'으로 바꾸는 권리의 시대를 꿈꾼다.

# 제왕적 대통령 VS
# 신민적 주권자

## 제자리 찾는 대통령

한국 사람들에게 대통령제는 너무 친숙하다. 한국 사람들은 1960년 6월 15일부터 1961년 5월 16일까지 11개월 동안만 제2공화국의 의원내각제 권력 구조를 경험했을 뿐, 그 이외에는 1948년 헌법이 제정되고 난 이후 줄곧 대통령제 권력 구조를 접했다. 대통령제는 한국 사람들에게 아주 당연하고 자연스러운 권력 구조일 것이다. 영국 사람들에게 입헌군주제로 운용되는 의원내각제가 자연스럽듯이 말이다.

그런데 우리는 대통령제가 무엇인지나 알고서 살아가나?

아주 훌륭한 사람이 대통령이 돼서 국민을 위해 일 잘하면 그만이고, 한 나라의 최고인 사람이 권력을 행사하는 것이다. 아주 간단하게 대통령제를 이해하는 방식인데, 이는 틀린 생각이 아니다. '유권자들이 대통령을 선거로 선출하고, 당선된 대통령이 행정부의 수반이 되어 국가를 운용하면서, 예산안 수립권, 법률안 제안권이나 거부권, 행정부 이외의 권력 기관에 대한 인사권, 초헌법적인 사면권, 국가 비상계엄 선포권을 보유하는 정부 형태이다.'

　대통령이 나랏일에 대한 권한을 대부분 가지고 있다. 법률안을 제안하고 결정하는 입법부의 권한, 사법부에 대해 인사 권한, 기타 권력 기관의 인사 권한 등은 권력 분립이 아닌 권력 독점의 현상이다. 제왕적 대통령제라고 하는 것은 헌법과 법률의 가치를 훼손할 수 있는 대통령의 권한을 헌법이 보장한다는 말이다. 마음먹고 국가의 모든 권력 시스템과 사람들의 모든 권리조차 실제로 억압하고 지배할 권한을 대통령에게 부여한다면, 그것이 곧 제왕적 권력인 것이다. 대통령이 곧 중세시대의 왕과 다를 바 없는 권력 구조 속에서 자신의 권한들을 행사한다. 그런데 대통령이 훌륭하지 않거나 각종 권한을 사리사욕에 쓰는 경우도 있다. 보통 독재라고 한다. 1인이 권한을 독점하는 형태라고 할 때, 각종 권한을 독점한 대통령제는 독재의 씨앗이 될 수 있다.

　제왕적 대통령제라고 하는 이유이다. 그렇지만 대통령제를 유지하고 있는 다른 나라에서는 대통령에게 제왕적 권력을 주지 않고 있다. 권력 독점을 예방하기 위한 권력 분립이 구조적 시스템으로 정착되어 있다.

대통령제를 말할 때마다 동전의 앞뒷면처럼 말하는 의원내각제는 또 어떤가. 간단하게 말해 보자. '국회의원 선거로 의회 내 다수가 된 정당이 행정부까지 책임을 지는 정부 형태이다.' 전문가들조차 의원내각제가 대통령제보다 권력이 분산되고 정책에 대한 책임성이 높아진다고 하니, 권력 제도를 잘 알지 못하는 '민'이 오죽하겠는가. 만약 국회의원이 소선거구제의 다수대표제 방식으로 선출되어 특정한 정당이 의회를 장악하거나, 거대 정당을 중심으로 양당제가 고착된다면, 특정 정당의 권력 독점이 오히려 강화될 수 있다는 사실에 대해서도 눈을 감지 않았으면 좋겠다.

그래서 많은 나라에서는 대통령제와 의원내각제의 요소들이 결합되는 혼합형 권력 구조를 선호한다. 권력자들이 '그들만의 리그'를 만들기에 더 유리할 수 있다. 정부 혹은 행정부를 수상이 관할하고, 대통령은 그 이외의 역할을 담당하는 권력 구조이다. 그리스, 독일, 프랑스 등이다. 한국도 국무총리 제도가 있다. 대통령의 권한을 국무총리에게 이관하여, 국무총리가 정부와 내각에 대해 책임을 지게 하는 책임총리제가 논의되는 이유이다. 다른 국가의 수상이나 총리가 누리는 권한과 비교할 수 없을 정도로 국무총리의 권한이 약해서, 국무총리 제도의 실효성이 없다는 시각이다. 본질적으로 대통령 아래에 있는 수석 국무위원 혹은 국무조정실장과 같은 위상이라는 사실 때문에 제기되고 있다.

제도를 새로 만든다고 해서 대통령의 권한이 축소될 수 있을까? 이에 대한 해답은 헌법 제66조다. "행정권은 대통령을 수반으로 하는 정부에 속한다."(헌법 제66조 4항) 정치를 하는 대통령의 권한들을 없애는 대신, 행정권을 수반하는 자리로 돌아가면 되는 것이다. 대통령이 국무회의만 주재하는 것이 아니라, 국무총리의 '행정 각부에 대한 통할권'(헌법 제86조 2항)을 이관 받아서 행정 업무만 담당하면, 대통령의 제왕적 권한은 자연스럽게 사라진다.

*주권재민의 사상은 대통령을 제왕으로 우상화하는 것이 아니라 '민'을 진짜 제왕으로 여겨야 하는 것 아닌가?*

대통령에 대한 제왕적 상징 의식을 그만두는 것도 또 다른 방안이다. 특히 죽은 자에 대한 의식의 정치는 권력만 우상시하는 복제인간을 지속적으로 재생산하는 제왕 의식 중 하나다. 장례식의 차별화가 대표적이다. 누구는 국장이나 국회장과 같은 절차를 거치면서 자연으로 돌아간다. 죽음조차 권력화된 모습이다. 무덤 속에 누워 있는 자는 주기적으로 일어나서 권력과 국가의 정당성을 한껏 부풀려 놓는다. 물론 죽은 자는 말이 없고, 참배자들도 대부분 말을 하지 않는다. 하지만 권력과 국가는 맹신자들의 마음속에 격한 열정이 타오르도록 불을 지피고 부채질한다. 응집력이 높은 맹신자들을 상대로, 또는 권력과 국가에게 동화된 사람들을 상대로 하는 상징 의식의 정치인 것이다. 정치에서 권리는 사라지고 권력과 맹신자만 남는다. 이런 상징 의식의 정치를 비판적으로 말하는 사람에게 돌아오는 화살은 '정치'와 '대중'을 모른다는 냉소다. 나는 그들에게 다시 묻는다.

*상징 의식의 정치 속에 당신은 어디에 있나? 폐인으로 포장된 우상화가 개인의 권리와 개성을 묻어버려도 된다는 것인가?*

이만열이 『다른 백년』에서 지적하고 있는 사실에 눈을 감지 않아야 한다. "한국인들은 본질적으로 눈이 멀었다. 정치인들의 인격이나 선정적인 스캔들에만 빠져들고 있다. 가장 위험하고 중요한 문제는 놔두고, 힘든 싸움을 피하고, 사소한 문제들로 정권을 홍보한다. 진보는 이제 아디다스 같은 브랜드가 되어 버렸다. 우리는 실제로 위기를 인식하고 용기 있는 행동에 나서야 한다."* 이 글에서 배우고 곰삭히고 싶은 점이 한 가지 있다. 정치는 상품화된 권력이 아니라 자존감을 찾아가는 권리로 접근하고 이해해야 한다는 사실이다.

---

* 이만열, 「문제의 본질을 보지 못하는 한국인들에게 드리는 고언」, 〈다른 백년〉, 2017년 10월 31일.

## 세계 헌법의 다양한 권력 구조

대통령이 없는 나라가 없다. 대통령제가 아니면 군주나 천황이 있고, 의원내각제를 하면서도 대통령이 있다. 세계 헌법이 말하는 세계의 권력 구조다. 어느 하나의 시스템으로 한 나라의 권력 구조를 설명하기 어렵다는 이야기다.

| 국가 | 권력 구조와 주요 권한 |
|---|---|
| 독일 | 연방회의에서 간접선거로 선출되는 연방대통령(제54조), 연방대통령의 세청으로 연방의회에서 선출되는 연방수상(제62조), 연방정부는 연방수상과 연방장관으로 구성(제62조), 불신임과 의회해산제도(기본법 제67조 1항, 제68조 1항). |
| 영국 | 상원(귀족원1)의 의원 800명을 총리의 제청으로 국왕이 임명, 국왕의 총리 임명권, 국왕의 절대적 권한을 인정하는 의회, 내각 불신임제도와 의회해산제도. |
| 프랑스 | 국민이 선출하는 대통령(헌법 제6조, 제7조), 총리의 임명(헌법 8조), 정부의 활동에 대한 지휘권(헌법 제21조), 불신임(헌법 제49조) 및 의회해산(헌법 제12조). |
| 일본 | 내각 총리에 대한 국회의 지명과 천황의 인증(헌법 제7조, 제66조), 행정권은 내각에 소속(헌법 제65조), 불신임제도(헌법 제69조)와 의회해산제도(헌법 제54조). |
| 미국 | 집행권은 대통령에게 속함(제2조 1항), 외교권(제2조 2항, 3항), 군통수권(제2조 2항), 긴급조치권(제2조 3항), 국회의 국정조사와 탄핵소추·심판권(연방헌법 제1조 2항). |
| 스페인 | 국왕은 일본의 천황과 유사한 권한을 행사(제2장 62조). |

| 필리핀 | 행정부 수반(제7장, 제1조), 군 통수권(제7장 제17조), |
|---|---|
| 한국 | 국민의 직접선거로 선출된 대통령(헌법 제66조~85조), 행정부 수반(제66조 4항), 대통령의 제청으로 선출된 국무총리(86조 1항), 국무총리의 행정 통할권(86조 2항), |

세계 헌법은 대통령제의 다양한 권한을 보여준다. 권한이 거의 유사하다. 이러한 권한들이 제왕의 권력으로 작동한다. 부통령제를 도입한 미국이나 필리핀도 마찬가지다. 대통령의 권한을 일반화해서 적시해 보자. 대외적으로 국가를 대표, 수상이나 국무총리 제청, 각급 기관의 공무원 임면, 법률안 거부권, 사법부 인사제청권, 군 통수권, 긴급조치 명령권, 계엄 선포권, 대외적 외교권, 사면권 등이다. 권력의 운용과 관련된 대부분의 권한이 대통령에게 집중되어 있다.

그런데 천황제나 입헌군주제를 유지하고 있는 국가에서는 이러한 권한의 일부를 천황이나 입헌군주가 갖는다. 일본과 스페인과 영국이 대표적인 경우들이다. 입헌군주제의 나라인 영국의 국왕은 국회의원까지 임명하는 권한을 가지고 있다. 헌법 전쟁에 참여하지 않았지만, 영국 국왕의 권한은 상원 의원에 대한 지명권이다. 영국의 상원은 내각 총리의 제청으로 국왕이 임명하는 당대귀족 약 700여 명, 영국 성공회 주교인 성직귀족 26명, 가문의 귀족 작위로 인하여 구성원이 되는 세습귀족 92명으로 구성된다. 다른 나라는 대부분 대통령제와 의원내각제가 병존하는 혼합형 권력 구조이다.

그러나 대통령이나 국회의원이 사람들을 대표하고 있다는 점에서, 대표성의 딜레마 현상이 발생한다. 대통령의 대표성이 높은지 국회의원의 대표성이 더 우월한지, 이를 판단할 근거가 존재하지 않는다. 권력을 소환한다고 할 때, 주요 대상은 국회의원이나 지방자치 권력의 권력자들이다. 행정 권력이나 사법 권력은 제외된다. 갸웃하지 않을 수 없다. 사법 권력이야 선거와 무관하니까 그렇다 하더라도, 행정부 수반인 대통령도 선거로 선출된 권력자인데 대통령은 소환제의 대상에서 제외되어야 하는 것인지 이해하기가 쉽지 않다. 물론 대통령을 국회가 탄핵할 수 있다는 것을 몰라서 하는 말이 아니다. 국회가 곧 '민'이라는 함정의 늪에서 벗어나고 싶어서다. 국회가 어떤 결정을 내리더라도 나는 그 결정에서 소외되어 있는 것이 사실이어서 제안하는 것이다. 권리를 적용할 시스템조차 권력자에 따라 차별화하는 것이 정당한가? 동시에 이런 시스템이야말로 대통령을 제왕으로 숭상하는 신민적 주권자의 결정판이 아닌가.

'민' 스스로도 권력의 시혜 대상임을 만족스러워하고, '권리의 격'을 갖추는 것에 대해 무관심한 채 살아가기도 한다. 제왕적 권력 구조를 바꾸기 위해 의회로 각종 권한을 이관시켰는데, 그 권한을 받아 안은 국회가 사람의 권리를 제대로 대표하지 않는 상황도 발생할 수 있다. 국회가 꼭 권리의 대표체가 아닐 수 있다는 관점도 필요하다.

"권리는 스스로의 존립을 위해서 용감한 저항을 필요로 하는 반면에, 이러한 점들은 불법으로부터 비겁하게 도피하도록 유도한다. 권리에 대한 경시와 인격적 모욕의 성질을 지니고 있는 형태로서의 권리 침해에 저항하는 것은 의무이다. 권리를 위한 투쟁은 권리자 자신에 대한 의무이다. 권리를 완전히 포기하는 일은 도덕적 자살에 해당한다."* 권리와 권리 투쟁을 예찬하는 말이다.

---

* 루돌프 폰 예링, 윤철홍 옮김,『권리를 위한 투쟁』, 책세상, 2007, 104쪽.

# 특권 남용 VS
# 의무 방기

## 힘으로 표상되는 권력

권력은 사람들에게 힘을 발휘한다. 보통은 권한으로 행사된다. 이런 관점에서 볼 때, 많은 사람들은 미시적인 시공간에서 권력을 행사하면서 살아간다. 너도 나도 마찬가지다. 국가의 권력이 아닐 뿐이다. 그런데 권력 중에서 어떤 권력의 힘이 셀까?

정답은 국가의 권력이다. 이유는 간단하다. 다양한 권력 중에서 국가의 권력이 최고의 힘을 갖는 이유가 있다. 국가가 권력을 보호하는 다른 장치들을 소유하고 있기 때문이다. 대표적인 장치가 선거 제도, 군대나 경찰과 같은 공권력, 자원에 배타적으로 접근할 수 있는 독점력, 헌법이 보장하는 특권 등이다.

나만 그런지 몰라도, '권력'을 이해하기가 쉽지 않다. 혹시 권력자와 권력을 같은 의미로 여기고 있지 않을까 우려스럽다. 헌법 전쟁은 권력을 권리의 눈으로 본다. 그 눈에 비치는 권력은 권리를 억압하고 배제하고 있다. 권력이란 다른 집단과 개인의 현재 또는 미래의 행동을 지시하거나 막을 수 있는 능력으로 타인을 지배하고 행동하게 하는 것이기 때문이다. 이러한 힘은 일상생활 속으로 깊이 들어와 체화되어 있다고 해도 과언이 아니다. 권력이나 권리와 무관하게 생존하는 것 자체가 권력을 이해하기 어렵게 하고 권리를 인지할 시공간조차 제공하지 않는 것이다. 권력은 그저 외부에서 삶 속으로 다가오는 억압적 힘일 뿐이다.

삶은 곧 '정치적인 것'이다. 아리스토텔레스도 '인간이 정치적 동물'이라는 언명을 통해 '정치적인 것'과 '가족'의 관계까지 말하고 있다. "인간은 사회 내에서만 존재할 수 있고, 격리되어 혼자서는 절대로 존재할 수 없다. 정치적 관계가 형성되는 것도 마찬가지이다. 인간이 만든 최초의 결사 형태는 가족이다. 이것은 남녀 간 성적 관계와 생존 유지의 수단인 주인과 노예 간의 군집 관계 등을 기반으로 하고 있다." 그러나 사람들은 '정치적인 것'을 두 얼굴의 권력만으로 기억하려 한다. 하나는 정치 지도력을 발휘하는 권력의 모습인 반면, 다른 하나는 자신을 드러내지 않는 음모와 은폐나 엄폐의 힘이다. 인간이 지니고 있는 속성 중에서 권력과 명성을 추구하는 탐욕의 속성과 다른 사람들을 지배하고자 하는 지배의 속성만을 바라보는 것이다.

그런데 사람들은 정치적인 삶이나 관계에 대해 무관심한 채 살아간다. 선거가 있을 때만 잠깐 정치에 눈을 떴다가 이내 눈을 감거나 등을 돌린다. 왜 그럴까? 국가의 거대한 권력이 도덕적 권위와 정당성을 스스로 상실해 가고 있어서 그런 것 같다. 권리를 진정으로 대표하는 권력은 존재하지 않고, 관료와 권력 엘리트만 존재하는 권력의 시대가 되었다. 권력의 목표는 사라지고 권력자만 남아 권력자의 권력을 위해 수단과 방법만이 난무하는 '과두제의 철칙'이 실현되는 세상을 말하는 것이다. 늘 존재했던 권력이지만, 이제는 그 권력의 시공간과 영역이 확대되었다는 말이다. 권력이 자신의 의무를 방기하는 대신 특권만을 남용하기 때문에 발생한 현상이다. 많은 사람들이 그 자리에 권리가 들어가길 바라지만, 권력은 그것을 허용하지 않는 시스템으로 자신을 보호한다.

## 권력에게 특권과 의무를 부여한 세계 헌법

국가의 권력은 권리로부터 그 정당성을 부여받았다. 헌법의 힘을 빌려 국회의원과 대통령이나 수상에게 권한과 의무를 부여하는 근거이다. 세계 헌법이 권력의 주체들에게 특권을 부여한 것도 의무를 잘 수행하라는 차원일 것이다.

세계 헌법은 권력의 대표자들에게 다음과 같은 특권을 보장한다. 대표적인 규정만 제시하자. 소위 그것은 '직무상 행한 발언이나 투표 행위 등에 대한 면책 특권, 현행범이거나 반역죄 등의 경우를 제외한 불체포 특권'이다. 그러나 그리스와 독일은 아무리 직무상 행한 발언이나 행위라도 명예훼손에 해당될 수 있는 것을 예외로 한다. 정치를 인신공격이나 선정적인 스캔들로 추락하는 것을 막고자 하는 것으로 상상한다. 한국 헌법도 대통령이나 국회의원에게 특권을 부여한다.

| 국가 | 특권 | 헌법 규정 |
|------|------|-----------|
| 그리스 | 직무상 행한 발언에 관하여 불가침의 권리를 보유. | 명예훼손을 하는 발언에 대해서는 적용되지 않는다고 규정(제61조 1항). |
| 독일 | | 명예훼손을 하는 발언에 대해서는 적용되지 않는다고 규정(제46조 1항). |
| 미국 | 현행범인 경우를 제외하고 불체포 특권을 보유. | 반역죄, 중죄 및 치안 방해죄를 제외한다고 규정(제6항 1문). |
| 스페인 | | 양원의 국회의원에 대해서는 대법원 형사부가 관할. 양원의 사전 승인 없이 유죄 선고를 받거나 소추되지 아니함(제71조 2항. 3항). |
| 프랑스 | 의회의 승인이 있어야 법률적 소송 절차의 진행이 가능. | 사무국의 동의가 있어야만 의원을 체포하거나 의원의 자유를 박탈할 수 있지만, 현행범이나 최종 판결이 선고된 경우는 예외(제26조 2항). |
| 필리핀 | 직무 수행 중 견해의 표현이나 표결과 관련하여 책임을 지지 않을 권리. | 불체포 특권, 면책 특권(제6장 제11조). |
| 한국 | | **국회의 회기 전에 체포 또는 구금된 때에는 현행범이 아닌 한 국회의 요구가 있으면 회기 중 석방**(제헌헌법 49조, 유신헌법 79조 2항, 1987년 개헌헌법 44조 2항). |

세계 헌법은 대통령과 국회의원에게 헌법의 다양한 규정으로 의무를 요구한다. 핵심 의무는 '민'의 권리와 헌법과 법률을 존중하고 준수하는 것이다. 스페인 헌법처럼 헌법이나 법률보다 국민의 권리를 존중하는 것이 더 우선이 아닐까 상상한다.

| 국가 | 선언(국회의원, 대통령) |
|---|---|
| 그리스 | 나(국회의원)는 신의 이름을 걸고 헌법과 법률을 준수하고 헌법에서 부여한 의무를 수행하여 민주적인 정부와 나라를 위해 성심을 다할 것을 맹세한다(59조 1항). |
| 남아공 | 국회의원과 대통령은 헌법을 준수하면서 보호하고 직무에 충실하게 임한다(48조, 69조, 83조, 96조, 107조, 115조). |
| 독일 | 나는(연방대통령) 독일 국민의 복지를 위하여 전력을 다하고, 그 이익을 증진시키며, 독일 국민에 대한 손해를 방지하고, 기본법과 연방의 법률을 지키고 수호하며, 양심적으로 내 의무를 완수하고, 만인에 대하여 정의를 행할 것을 선서한다. 신이여, 저를 도우소서!(헌법 56조) |
| 미국 | 나(대통령)는 합중국 대통령의 직무를 성실히 수행하며, 나의 최선의 능력을 다하여 미국 헌법을 보전하고 보호하고 수호할 것을 엄숙히 선서(또는 확약)한다(2조 1항 8문). |
| 스페인 | 국왕은 의회에서 즉위 선언을 할 때, 그 권능을 충실히 이행하고, 헌법 및 법령을 준수하고 또 준수하도록 하고, 시민 및 자치주의 권리를 존중할 것을 선서(제61조). |
| 프랑스 | 공화국 대통령은 국가의 독립, 영토의 보전 및 각종 조약의 준수를 선언(제5조 2항). |
| 필리핀 | 나(대통령, 부통령)는 대통령이나 부통령으로서의 의무인 헌법의 보전, 법의 집행, 모든 사람들에게 정의 실현, 그리고 스스로가 국가에 성심을 다해 봉사한다는 것을 맹세한다. 신이시여, 나를 도와주소서!(제7장 제5조) |

| | |
|---|---|
| 한국 | "나는 헌법을 준수하고 국가를 보위하며 조국의 평화적 통일과 국민의 자유와 복리의 증진 및 민족문화의 창달에 노력하여 대통령으로서의 직책을 성실히 수행할 것을 국민 앞에 엄숙히 선서합니다."(대통령 선서) |
| 한국 | "나는 헌법을 준수하고 국민의 자유와 복리의 증진 및 조국의 평화적 통일을 위하여 노력하며, 국가 이익을 우선으로 하여 국회의원의 직무를 양심에 따라 성실히 수행할 것을 국민 앞에 엄숙히 선서합니다."(국회의원 선서) |

남아공 헌법은 대통령이나 국회의원 선서문을 규정하지 않고 있다. 직무와 관련된 헌법의 다양한 조항에서 그들의 의무를 적시하고 있다. 그 이외 헌법 전쟁에 참여한 나라는 권력자가 선서해야 할 내용을 헌법에 규정하고 있다. 세계 헌법의 선서문으로 볼 때, 대통령이나 국회의원의 의무는 간단하다. 헌법을 준수하고 국가 이익을 우선시하고 국민에게 봉사하는 것이다. 듣기 좋은 말이다.

한국 대통령이나 국회의원들이 어떤 심정으로 선서문을 읽을지 궁금하다. 헌법 준수, 국민의 자유와 복리 증진, 조국의 평화적 통일, 국가 이익 등을 위하여 노력해야 하는 의무가 버거울 것 같아서 하는 말이지만, 달리 생각하면 추상적이어서 누구나 할 수 있는 일인 것 같기도 하다. 대통령이나 국회의원의 '선서문'에 권력의 의무가 구체적이었으면 좋겠다는 생각이 들어서 하는 말이다. 예를 들면, '면책 특권이나 불체포 특권'의 예외 조항으로, 사람의 권리를 제대로 대표하지 않을 경우에 어떤 처벌이라도 받는다는 내용이 들어가면 좋겠다고 상상한다. 헌법의 주인이 사람이라는 관점에서 볼 때, 헌법만이라도 국가가 사람을 시혜의 대상으로 떨어뜨리지 않았으면 좋겠다.

## 4장

헌법 기구

별의별 권력 기구

# 권력을 어떻게 견제한다는 것인가?

• • • •

• • • •

• • • •

• • • •

국가 기관 중에서 헌법의 권력을 부여받은 것들이 무엇인가에 대한 이야기다. 어떤 나라든 권력 기구의 핵심인 행정부, 입법부, 사법부의 권력을 헌법이 보장하고 있다. 이러한 권력 기관들은 권력 분립의 원칙에 따라 서로 견제하면서 권력의 균형을 이루어낸다고 한다.

권력은 그저 권력일 뿐인데, 권력끼리 무엇을 견제한다는 것인지? 헌법 전쟁은 이 고민을 풀어낸다.

세계 헌법은 각 국가의 특성에 맞게 많은 권력 기관에게 헌법 권력을 보장하고 있다. 참으로 다양하다. 법률이나 법령의 수준에서 보장해도 될 만한 기관들이 헌법 기관으로 존재하기도 하고, 사람들의 권리를 위해 만든 특별위원회 수준의 기관들이 헌법 기관으로 보장되기도 한다.

남아공 헌법에는 '민'의 권리를 위한 기구들이 많다. 전국주(州)협의회(60-72조), 갈등조정위원회(78조), 인민보호자(182-183조), 남아공인권위원회(184조), 문화·종교·언어공동체 권리보호 및 권리촉진 위원회(185-186조), 성평등위원회(187조), 감사관(188-189조), 선거위원회(190-191조)가 헌법 기관의 권력을 부여받았다.

그렇다면 한국 헌법은 어떤 기관들에게 헌법의 권력을 부여했을까? 주권자의 권리를 위한 기관인지, 아니면 권력을 위한 기관인지 살펴볼 필요가 있다. 헌법 전쟁이 한국 헌법의 민낯을 보여준다.

대표적인 헌법 기관은 헌법재판소이다. 2016년 11월부터 시작된 '민'의 촛불은 박근혜 전 대통령에 대한 국회 탄핵을 강제하고 난 이후, 헌법재판소가 국회의 결정을 인용해서 촛불혁명이 성공한 것이다. 헌법재판소는 이처럼 권력을 심판한다.

그런데 헌법재판소는 헌법의 어떤 가치와 기준으로 권력을 심판하는가? 또 권력 재판을 정의롭게 할 수 있는 자율성을 보장받고 있는 것인가?

헌법 전쟁은 이 두 가지의 쟁점을 헌법재판소 재판관들에 대한 인사권으로 해소하고 있다. 세계 헌법은 그 인사권을 의회가 주로 행사하는데, 과연 한국은 어떻게 되는가?

# 권력 장치 VS
# 권리 장치

## 사법 권력 맘대로

　권력 분립의 원칙에 따르면 사법부는 행정부나 입법부의 그늘
에서 벗어나 자신의 권력을 행사할 수 있다. 사법 권력이 자율적
인지 자의적인지 논란을 일으키는 원인이다. 권력자들을 심판할
때와 권리의 다수자인 '민'을 재판할 때, 판결의 원칙과 기준이
수시로 달라져서 하는 소리다. 법대로인가? 마음대로인가? 이런
사회적 공분화가 끊이질 않는다. 최근 삼성그룹 이재용 부회장에
대한 법원의 판결이 사법 권력의 위력을 실증한다. 이미 '유전무
죄, 무전유죄' 혹은 '유권무죄, 무권유죄'가 일상화되어 사람들의
권리는 무력증에 빠지고 있다. 아마도 선한 법도 악의적인 법리로
적용될 수 있다는 대표적 판례로 남을 것이다.

법의 정당함을 판단하는 기준이 무엇일까 상상해 보자. 두 가지이다. 하나는, 법은 구성원의 생활에 좋은 영향을 발휘하는 최고의 가치를 기준으로 하는 것이고, 다른 하나는, 자연적 인간의 주권을 구체적으로 현실화하는 가치여야 하지 않을까. 하지만 법은 모두에게 공평하다고 말하기 어렵다. 헌법이 아닌 하위법이나 법령을, 부자나 가난한 사람이 만날 때, 또 자본가와 노동자가 만날 때, 누군가는 항상 그것들을 '천의 얼굴'로 만들고는 한다. 물론 많은 사람들은 그리스 신화에서 강도로 나오는 프로크루스테스가 자신의 침대를 이용해서 저질렀던 악행처럼, 자의적인 기준과 적용에 대해 분노하지만, 국가는 이 과정에서 어쩔 수 없다는 말과 함께, 법을 사악하게 적용한 행위를 정당화하려 한다.

*권리를 침해하는 악법을 지켜야 하는가? 아니면 무시하며 살아도 되는 것인가?*

'악법도 법이다.' 소크라테스가 죽으면서 남긴 말이다. 그 진위 여부를 놓고서 이견이 있지만, 한국에서만큼은 '권위주의 체제의 억압적 법 집행을 정당화하는 데 악용할 수 있도록, 정치 사상을 연구했던 교수들의 작품이었다.'는 것이 거의 정설에 가깝다. 법 만능주의 혹은 법 순결주의를 내세우는 측면에서 보면, 소크라테스 같은 위대한 철학자조차 법에 순응했다. 법률 권력의 힘이다.

헌법재판소는 박근혜 정부가 제소한 정당해산심판 청구를 결정하면서 사법 권력의 힘을 발휘하였다. 통합진보당은 헌법재판소의 결정으로 해산되었다. 2014년 12월 19일, 헌법재판소는 '통합진보당 해산 심판'을 하면서 '자유민주주의 기본 질서'를 다음과 같이 제시하였다. "폭력적·자의적 지배를 배제하고, 다수를 존중하면서도 소수를 배려하는 민주적 의사결정과 자유·평등을 기본 원리로 해서 구성되고 운영되는 정치적 질서이다." 민주주의의 가치를 역사적으로 꿰뚫고 있는 판단이다.

헌법재판소가 모순의 늪에서 스스로를 구해내야 할 처지에 이르렀다. 자유민주주의를 반공 혹은 시장 친화적인 이념으로 여기는 사람들이 알아야 한다. 자유민주주의는 공산주의와 파시즘에서 자유를 구한 것이 아니라 신으로부터 인간을 해방시킨 이념이다. 자유민주주의는 민주주의 원리의 모태이다. 자유는 누구나가 억압과 구속에서 해방되어야 한다는 자연의 선물이어서 그렇고, 민주주의는 개인의 자유와 평등을 전제로 하기 때문에 그렇다. 이를 위해서는 국가의 역할과 기능이 개인의 재산, 생명, 자유의 안전보장에만 미치는 최소 수준에 머무를 필요가 있지 않을까 생각한다.

국가는 헌법이나 법률을 권력으로 여긴다. 힘을 발휘할 근거들이 들어 있어서다. 헌법이 보장하는 권력 기관들은 헌법의 변화가 없는 한 국가의 권력 기관으로 지속한다. 헌법이 보장하는 역할과 기능을 독립적으로 수행하라는 헌법 권력의 기관들이다. 권력 기관의 헌법화가 이루어지는 것이다.

## 권리를 사랑하는 세계의 헌법 기관

세계 헌법은 각 국가의 특성에 맞게 많은 권력 기관의 헌법 권력을 보장하고 있다. 참으로 다양하다. 법률이나 법령의 수준에서 보장해도 될 만한 기관들이 헌법 기관으로 존재하기도 하고, 사람들의 권리를 위해 만든 특별위원회 수준의 기관들이 헌법 기관으로 보장되기도 한다.

| 국가 | 헌법 기관 |
|---|---|
| 그리스 | 헌법은 법률에 근거하는 독립 기관의 설립 및 운영을 보장(101A조). |
| 남아공 | 전국주(州)협의회(60–72조), 갈등조정위원회(78조), 인민보호자(182–183조), 남아공인권위원회(184조), 문화 · 종교 · 언어공동체 권리보호 및 권리촉진위원회(185–186조), 성평등위원회(187조), 감사관(188–189조), 선거위원회(190–191조). |
| 독일 | 헌법재판소를 사법권의 조항으로 규정(헌법 제94조). |
| 베네수엘라 | 인민 권리 수호자, 검찰총장, 감사원장으로 이뤄진 공화국 윤리위원회가 시민권력을 행사. 인민수호청, 검찰, 감사원 등이 인민의 권력 기관으로 구성(헌법 273조), 인민 권리 수호자(헌법 281조 2항). |

| 스페인 | 사회적 정책평의회(131조), 감사원(136조), 헌법재판소(제159조~165조). |
|--------|----------------------------------------------------------------|
| 프랑스 | 권리 수호자(제11조 2항), 헌법재판소(56~63조), 경제·사회 및 환경 위원회(69~71조), 유럽공동체 및 유럽연합(88-1조에서 88-5조). |
| 필리핀 | 헌법 기관으로 시민서비스위원회, 선거관리위원회, 예산회계 위원회(제9조). |

세계 헌법 중에서 남아공, 베네수엘라, 프랑스의 헌법 기관들을 잘 살펴보자. 남아공은 지방정부 간에 발생할 수 있는 갈등 조정 이외에는 모두가 '민'의 권리와 직결된 위원회들을 헌법 기관으로 하고 있다. 베네수엘라는 권리 수호자를 헌법 기관으로 보장(헌법 281조 2항)하고 있다. 이 권리 수호자는 공공 사업이 적절히 기능하는지의 여부를 감독하고, 공공 행정의 업무 수행 중 벌어진 독단 행위, 권력 남용, 과실 등으로 개인의 이익과 권리가 침해되지 않도록 한다. 프랑스의 권리 수호자의 기능도 권력을 감시할 권리가 헌법으로 보장된다. "권리 수호자는 국가 행정, 지방자치단체, 공공 시설과 공공 서비스의 임무를 가지거나 조직법률이 부여하는 모든 조직체가 권리와 자유를 존중하는가를 감시한다."(제11조 2항) 권리를 보호할 기관이 헌법 권력을 확보하고 있는 것이다.

한국 헌법도 적지 않은 기관들을 규정하고 있는데 세계 헌법과 상당히 다르다. 일반 법률로 보장해도 될 권력 기구들이 헌법 권력을 보장받고 있다. 그 이유가 무엇일까?

제헌헌법에는 특별한 헌법 기관들이 없다. 그런데 유신헌법에서 헌법 기관들이 등장한다. 감사원이나 선거관리위원회, 헌법위원회 등은 세계 헌법에서도 보장하는 기관이라는 점을 감안할 수 있지만, 그 이외에 자문 기구나 회의 기구 등도 헌법 기관의 권력을 누리게 되었다. 유신헌법에서는 대통령을 선거하고 대통령의 지명으로 국회의원의 1/3을 차지하는 통일주체국민회의조차 헌법 기관이었다.

| 제헌헌법 | 유신헌법 | 1987년 개정헌법 |
|---|---|---|
| 없음 | 통일주체국민회의(35~42조)<br>국가안전보장회의(6/조)<br>감사원(71~74조)<br>헌법위원회(109~111조)<br>선거관리위원회(112~113)<br>경제·과학기술의 창달·진흥을 위하여 필요한 자문기구(123조) | 국가원로자문회의(제90조)<br>국가안전보장회의(91조)<br>민주평화통일자문회의(92조)<br>국민경제자문회의(93조)<br>감사원(97~100조)<br>헌법재판소(111~113조)<br>선거관리위원회(114~116조) |

유신시대의 통일주체국민회의는 제5공화국의 선거인단으로 변신하였다.* 벌써 40년 가까이 흘러서 기억이 가물가물하고 아득하지만, 제5공화국 헌법은 '대통령을 국민이 선출하는 것이 아니라 5000명 이상의 대통령 선거인단이 선출하는 것, 대통령의 임기를 7년 단임제로 한 것'이다. 전국의 대통령 선거인단이 서

---

* 대한민국, 「제5공화국 개정헌법」, 제40조 1항, 2항, 3항.

울의 장충체육관으로 모여들어 대통령을 선출한다. 체육관 대통령이라는 웃기면서도 슬픈 헌법의 역사적 자화상이다. 유신헌법의 통일주체국민회의를 대통령 선거인단으로 바꾸었고, 단임이나 연임의 규정이 없이 6년 임기만 규정되어 있었던 유신헌법을 7년 단임제로 개정한 것이다.

그런데 1987년 개정헌법도 각종의 법률적 회의 기구들을 헌법 기관으로 보장하였다. 국가원로자문회의(제90조), 민주평화통일자문회의(92조), 국민경제자문회의(93조)가 헌법 기관이라는 사실도 헌법의 저의를 의심케 한다. 국가의 원로가 누구이며 각종 자문회의에 참여하는 사람들이 누구이기에 헌법 권력까지 부여하고 있는지 고민된다.

'민'의 권리를 실현하는 법률 기구, 예를 들면, 국가인권위원회나 대통령 정책기획위원회와 같은 기구들을 아예 헌법 기관으로 하면 어떨까. 사람들의 권리를 보호하는 기구들을 헌법 기관으로 하는 것이다. 아니면, 그리스처럼 '법률에 근거하는 독립 기관의 설립 및 운영을 보장'하는 방식으로 헌법 기관과 관련된 조항을 없애면 된다. 그리스의 사례를 권리의 눈으로 다시 들여다보면, 새롭게 상상되는 것이 있다. 헌법을 권리 조항만으로 구성하고, 권력 구조에 해당하는 대통령, 행정부, 입법, 사법 등의 권력을 일반 법률로 제정하면 어떨까를 상상해 본다.

# 권력 재판 VS 권리 재판

## 권력 재판의 무거운 사슬

민주적인 국가 스스로 헌정 질서와 법률을 위반하는 경우도 있다. 권력을 보좌하는 사법 기관 및 검찰, 국가안전기획부나 경찰 등이 국가 폭력을 행사하는 사례는 부지기수다. 권력이 필요할 때마다 권리를 침해하는 현상이다. 그런데 권위주의적 정부가 혁명적으로 변화되지 않는 한, 권위주의 체제에서 자행되었던 대부분의 반인권적 국가 범죄들은 정략적인 차원에서 면죄부를 부여받는 경우가 많았다. 권력 재판이 종종 그러한 국가 폭력들을 정당하게 판결했다가 수십 년이 지나고 나서야 증거를 들이대는 민에게 뭔가를 시혜하는 방식으로 판결을 바로잡는다. 하지만 사법 권력은 권력에 도전하는 '민'의 폭력에 대해서는 법 질서를 바로

잡는다는 명분과 함께 아주 엄격하게 심판한다.

*합법적 국가 폭력은 인정되고 국민의 저항적 폭력은 법치주의에서 쉽게 인정될 수 없는 것인가?*

2016년 11월부터 시작된 '민'의 촛불은 박근혜 전 대통령에 대한 국회 탄핵을 강제하였고, 이후 헌법재판소는 국회의 결정을 용인하였다. 법치주의의 틀에 맞춘다면, 촛불 항쟁도 사법 심판의 대상이 되어야 하는 것 아닌가?

헌법은 헌법재판소의 구성과 운영과 관장할 대상을 정하였다. 헌법재판소가 주요하게 관장할 사항은 다음과 같다. "법원의 제청에 의한 법률의 위헌 여부 심판, 탄핵의 심판, 정당의 해산 심판, 법률이 정하는 헌법소원에 관한 심판"(제6장 제111조) 등이다. 헌법이 보장하는 최고의 권력 재판소이다. 주로 권력을 심판하는 헌법 기관이다.

*헌법재판소가 권력을 공정하게 심판한다는 것이 무엇으로 보장되는 것일까?*

물론 헌법재판소는 헌법의 가치와 내용을 공정한 심판의 기준으로 삼아 정의를 실현할 것이다. 공정과 정의(justice)는 헌법의 발원지이자 정당성의 근거여서 그렇다. 최고 법으로 군림할 수 있는 명분이다. 그렇지만 공정과 정의는 무엇으로부터 탄생된 것일까? 헌법보다 더 높은 최고 가치를 고민하는 차원에서 하는 물음이다. 그것은 아마도 '민'의 권리가 아닐까 생각한다. 수천 년 동안 인간의 권리 의식이 확장되면서 헌법이 만들어졌다는 사실 때문이 아닐까.

헌법재판소가 헌법의 추상적인 가치를 판단의 근거로 삼는 것은 재판관 개인에게 구체적인 심판의 기준을 맡기는 격이다. 그 재판관이 공정하고 정의로운 사람인지의 여부는 그저 권력만이 판단한다. 헌법재판소의 재판이 권력 재판이 될지 권리 재판이 될지는 항상 헌법재판소 재판관의 이념적 성향으로 결정되는 것이 아니라, '민'의 권리가 판단의 근거로 작용되어야 하지 않을까. 복잡하지 않게 '인간의 권리'라는 가치로 삼으면 된다. 그래야 헌법재판소가 권력 재판의 불명예에서 벗어날 수 있을 것이다.

그렇지만 권력은 언제나 헌법재판소뿐만 아니라 사법 기관의 권력 재판을 요구한다. 사법 권력이 또 다른 권력과 먹이사슬 관계를 유지하고 있어서 그럴 것이다. 다른 권력이 인사 권한을 가지고 있는 것이다. 민에게 법이 족쇄라고 한다면, 사법 기관에게는 얽히고설킨 권력의 관계망이 무거운 사슬이다. 유신 헌법도 헌법위원회를 헌법 기관으로 유지시키면서 수많은 권력

재판을 유도했지만, 1987년 개정헌법이 보장한 헌법재판소도 권력에게 면죄부를 부여하는 권력 재판의 장이라는 비판에서 자유롭지 않다.

## 세계 헌법이 말하는 헌법재판관 인사 권한

헌법재판소는 헌법의 가치와 내용을 지키는 최후의 보루라서 그런지, 헌법재판소 재판관을 주로 '민'의 권리를 대표하는 주체들이 추천하고 임명한다. 권리를 지키는 최고의 수호자라고 여기는 이유이기도 하다.

| 국가 | 헌법재판소 재판관 구성 |
|------|------------------------|
| 남아공 | 총 11명으로 법무부 장관, 법무부 차관, 9명의 헌법 재판관. 헌법재판관은 국회에서 추천·확인 필요(제167조). |
| 독일 | 연방헌법재판소의 재판관은 연방의회와 연방참사원이 각각 절반씩 선출(제94조). |
| 스페인 | 하원이 4명, 상원이 4명, 사법총평의회가 2명을 제안하여 국왕이 임명(제159조 1항). |
| 프랑스 | 헌법재판소 재판관은 9명으로 대통령 3인, 국민의회의장 3인, 상원의회 의장 3인이 제안하여 임명(제7장 제56조). |

세계 헌법은 헌법재판소 재판관 임명 방식을 보여준다. 3권 분립의 구조 속에서 행정 권력과 입법 권력이 사법 권력의 재판관들을 제안하여 임명하고 있다. 한국에서 '셀프 공천'이나 '전략 공천'이라는 권력의 타락 현상이 수그러들지 않고 있지만, 사법 권력의 '셀프 추천'도 눈여겨보아야 한다. 남아공과 독일은 헌법 재판관을 입법 권력이 선출한다. 입법부가 '민'의 대의 기관이라는 사실에 비추어보면, 그나마 '민'의 권리가 반영될 여지가 있다. 프랑스도 헌법재판소 재판관 9명 중 6명을 입법 기관이 제안하고 있어서, 헌법재판소가 권력 재판보다 권리 재판을 할 가능성이 높다.

그런데 스페인은 입헌군주공화국의 정체성에 맞게 국왕이 임명하고 있다. 다른 나라와 다르다. 사법 권력이 사법 기관을 근거로 하는 사법총평의회를 중심으로 만들어진다. 스페인 헌법 제122조에 따르면, "사법총평의회는 의장이 되는 대법원장 및 국왕이 임명하는 20명의 평의원으로 구성되며 임기는 5년으로 한다. 20명 중 12명은 조직법이 정하는 바에 따라 각급 법관 및 재판관 중에서 선출하고, 4명은 하원의 제청에 따라, 4명은 상원의 제청에 따른다. 상하 양원의 제청에 의할 경우 변호사 및 기타 법률가 중에서 상하 양원의 각 의원의 5분의 3 다수결에 의하여 선임된다."(헌법 제122조)

한국은 다른 나라의 특성들을 골고루 가지고 있다. 제헌헌법의 헌법위원회만 입법 권력에서 50%의 인사 권한을 발휘했고, 유신 헌법이나 1987년 개정헌법에서는 행정 권력과 입법 권력과 사법 권력이 골고루 인사 권한을 행사한다. 물론 최종 임명권자는 대통령이다. 헌법재판소의 재판관들에 대한 '셀프 인사'와 '코드 인사'를 가능하게 하는 구조이다.

| 제헌헌법 | 유신헌법 | 1987년 개정헌법 |
|---|---|---|
| 헌법위원회는 대법관 5인과 국회의원 5인의 위원으로 구성(제81조). 대법원장과 대법관은 대통령이 임명하고 국회의 승인(제78조, 제79조). | 헌법위원회는 3인은 국회, 3인은 대법원장, 3인은 대통령이 지명해서 대통령이 임명(제109조). 대법원장은 국회의 동의를 얻어 대통령이 임명(제103조 1항). 대법관은 대법원장의 제청으로 대통령이 임명(103조 2항). | 헌법재판소는 3인은 국회에서 선출, 3인은 대법원장이 지명, 3인은 대통령이 지명해서 대통령이 임명(제111조). 대법원장은 국회의 동의를 얻어 대통령이 임명(제104조 1항). 대법관은 대법원장의 제청으로 국회의 동의를 얻어 대통령이 임명(제104조 2항). |

한국은 헌법재판관을 임명하는 권한조차 3권 분립의 원칙에 맞추고 있다고 생각하면, 큰 오해를 불러일으킨다. 대의 제도의 원칙에 따라 행정 권력의 수반인 대통령과 입법 권력의 국회의원들은 국민의 의사를 대표할 수 있다고 가정하지만, 사법 권력은 대의 제도의 치외법권이다. 사법 시험이 그것을 보장한다고 하면 그만이지만, '민'의 권리와 무관하게 만들어진 권력이 헌법재판

관과 대법관을 추천할 수 있다. 소위 '셀프 인사'와 '상명하복'을 구조화하는 종결자 시스템이다. 권력 분립이 아니라 사법의 권력 카르텔이 아닐까 상상한다.

만약 헌법재판소가 위헌적 심판을 하면 누가 헌법재판관들을 제소하고 판단하나? 재판관들이 선의 대명사로 여기는 사람들은 누구인가?

사법 권력이 저지르는 범죄 행위가 특별한 것으로 떠들썩거리는 이유가 있다. 사법 권력이 그들만의 울타리로 권력의 왕국을 유지하다가 들통이 나자 그 가면을 벗겨내는 욕망이지 않을까. 사법 권력이 진짜 독립적이거나 자율적이지 않아서 그렇고, 또 사법 권력에 대한 '민'의 권리가 개입하고 통제할 여지가 전혀 없어서 그렇다. 모두가 법 앞에 평등하다고 하지만, 법을 내세워 사람을 심판하는 사람과 심판을 받는 사람은 결코 평등하지 않다. 억지라고 생각하지 않는다. 법의 심판을 받아본 사람은 공감할 거라 생각한다. 사법 권력 앞에서는 그저 원초적인 평등만이 존재할 뿐이다. 사법 권력은 공공선의 '정의'를 무기 삼아 사람들의 복종 의식을 자극한다. 한나 아렌트(H. Arendt)가 말하는 사람들의 의식과 행동에 자리하고 있는 '준비된 복종'이다. 요구하기도 전에 '알아서 긴다.'는 의미이다. 사람들이 부지불식간에 지배의 도구로 전략하거나 지배의 존재를 스스로 정당화하는 것이다. "사람들 스스로 권력을 마주할 때마다 잘 굽신거리면서, 권력이 시키는 대로 잘 하거나 법의 권위를 능동적으로 떠받드는 상태로 빠져든다."*

---

\* 한나 아렌트, 『폭력의 세기』, 이후, 1999, 68-71쪽.

## 5장

민주 질서

무늬만 자유민주

# 자유민주주의라는 가치

다시 헌법재판소에 대한 이야기다. 헌법이 최고로 내세우는 가치는 '자유민주주의'다. 헌법재판소는 이 가치를 어떻게 이해하면서 권력들을 심판하고 있을까.

헌법재판소가 생각하는 자유민주적 기본 질서가 무엇일까?

헌법재판소는 '정당의 해산 심판' 권한을 가지고 있어서 2014년 12월 19일 통합진보당을 해산시켰다. 헌법 전쟁은 통합진보당을 해산시키면서 선고문에서 밝힌 헌법재판소의 자유민주적 기본 질서를 근간으로, 자유와 민주를 권리의 관점으로 정리하였다.

헌법재판소가 자유민주적 기본 질서를 제대로 이해하고 있는 것일까? 아니면 무지의 늪에 빠져 있는 것일까?

자유민주주의는 개인을 발견한 혁명이다. 르네상스가 신으로부터 인간을 해방시켰다면, 자유민주주의는 절대왕정 국가로부터 개인을 해방시켰다. 프랑스 시민혁명은 자유와 평등의 원리 아래 국민 주권, 저항권, 사유재산의 불가침권, 보통선거에 의한 인민총회 아래서 국왕제의 폐지, 의회의 정착, 공화정의 수립 등을 추구하였다. 자유는 민주주의에서 떼어낼 수 없는 해방의 가치와 자유로운 개인의 가치를 획득한 민의 권리이다.

만약 통합진보당 이외의 정당들이 민의 권리를 억압한다면, 헌법재판소는 그러한 정당들을 어떻게 심판할 것인가?

그것이야말로 자유민주적 기본 질서를 위배하는 것이기 때문에 당연히 해산되어야 한다고 생각하지만, 헌법재판소가 또 다른 권력에 불과하다는 것을 헌법 전쟁은 밝히고 있다.

헌법재판소는 물론 박근혜 전 대통령의 탄핵을 용인하면서도 헌법의 본질적 가치를 '자유민주적 기본 질서'로 제시하였다. 일관된 기준인 것 같다. 그렇다면 이 가치의 원칙이 모든 권력에게 적용되어야 하는 것 아닌가?

특정한 상황이나 일부 권력만이 아니라, 권력 구조의 전반을 규정하는 가치로 존재해야 하고, 자유민주적 기본 질서와 민주주의 원리를 위배하는 모든 권력이 탄핵의 대상이 될 수 있어야 한다는 것을 상상하는 것이 헌법 전쟁이다.

# 위헌 정당 VS
# 합헌 정당

## 개인의 해방을 품고 있는 자유

세계 헌법은 정당의 자유로운 정치 활동을 보장한다. 그런데 몇몇 나라는 그 나라의 헌법이 보장하는 가치의 범주에서 그 활동이 벗어나지 않아야 한다고 강요한다. 특히 자유민주주의 기본 질서를 강조하는 나라일수록 더욱 그렇다. 헌법재판소는 정당이 헌법의 가치에 합당한 활동을 하는지 아니면 헌법에 위배되는 활동을 하는지에 대한 판단의 가늠자가 있다. 활동의 가늠자를 판단하는 가치의 차이는 존재할 수밖에 없다. 정치는 가치를 꿈꾸는 희망과 이상의 사다리이기 때문이다.

*자유와 민주는 떨어질 수 있는 것인가?*

자유민주주의를 비판하는 세력들은 주로 시장과 개인만을 추구하는 '자유민주주의' 이념에서 '자유'를 떼어내고 '민주주의'만으로 헌법의 국체와 정체를 모색하자는 말을 제안하였다. 시장주의와 개인주의가 가져온 폐해를 극복하기 위한 고육지책일 수 있다. 누구든지 '예-아니요'와 같은 답변은 쉽게 할 수 있다. 그러나 자유와 민주주의는 떼려야 뗄 수 없는 관계이다. '자유'의 시작은 인간해방에서 비롯된 것이기 때문이다. '예'에 대한 것이나 '아니요'에 대해 한 번만 더 의심하면, 자유민주주의의 새로운 층위가 발견된다. 자유민주주의는 시장주의나 개인주의를 뛰어넘는 다른 층위의 가치도 포함하고 있기 때문이다. 자유를 떼어내자는 주장에 대해 답하기 이전에, 잠깐 자유민주주의의 뿌리를 돌아보자.

*개인을 해방시킨 이데아는 무엇일까?*

자유민주주의는 개인을 발견한 혁명이다. 르네상스가 신으로부터 인간을 해방시켰다면, 자유민주주의는 절대왕정 국가로부터 개인을 해방시켰다. 프랑스 시민혁명은 자유와 평등의 원리 아래 국민 주권, 저항권, 사유재산의 불가침권, 보통선거에 의한 인민총회 아래서 국왕제의 폐지, 의회의 정착, 공화정의 수립 등을 추구하였다. 자유를 위한 전쟁의 성과들이다. 이처럼 자유는 민주주의에서 떼어낼 수 없는 해방의 가치와 자유로운 개인의 가치를 획득한 '민'의 권리이다. 이 권리가 타인에게 절대 양도될 수 없는 이유인 것이다.

"인민이든 정부든 자유를 강제로 구속할 어떠한 권리도 가지고 있지 않다. 만약 자유를 구속하려 한다면, 최상 정부라 할지라도 최악의 정부와 마찬가지다. 전체 인류 가운데 단 한 사람이 다른 생각을 가지고 있다고 해서, 그 사람에게 침묵을 강요하는 일은 옳지 못하다."* 공공적 권력은 사회 구성원들의, 아니 시민들의 자율적이고 자유로운 삶을 쉽게 보장하지 않는다. 자신의 권리를 인지하고 그것을 자신의 것으로 만들기 위한 권리 싸움을 하지 않는 한, 자신에게 자율적이고 자유로운 시공간을 만들지 못한다. 남아공 성공회의 투투(Tutu) 대주교는 1983년 인종해방 투쟁 조직인 통일민주전선(UDF)의 대표를 맡고 난 이후 각종 투쟁에서 그 이유를 적절하게 표현하고 있다. "독재 권력이 가장 두려워하고 위험한 것이 무기라고 말하는 것을 종종 본다. 하지만 사실은 그렇지 않다. 독재 권력은 사람들이 자유롭게 되고자 할 때를 가장 두려워한다. 사람들이 일단 그렇게 하려고 마음먹으면, 그들을 멈추게 할 수 있는 것은 아무것도 없다."**

---

* 존 스튜어트 밀, 서병훈 옮김, 『자유론』, 책세상, 2005, 41-42쪽.
** 스티브 크로셔, 문혜림 옮김, 『거리 민주주의-시위와 조종의 힘』, 산지니, 2017, 29쪽.

## 자유민주적 기본 질서를 다시 봐야 할 세계 헌법

세계 헌법은 정당이 추구해야 할 가치의 범위를 설정하였다. 독일은 자유민주적 기본 질서이고, 한국은 민주적 기본 질서이다. 물론 헌법 전쟁에 참전한 나라들이 헌법에서 명시하지 않고 있어도 공화국의 존립을 위태롭게 하거나 준군사적 활동을 하는 정당을 법률적으로 허용하지 않는다.

| 국가 | 정당 해산의 조건 |
|---|---|
| 독일 | 정당이 자유민주주의적인 기본적 질서를 침해 또는 폐지하거나 독일연방공화국의 존립을 위태롭게 하는 것은 위헌(기본법 제21조 2항). |
| 스페인 | 결사체가 범죄를 목적으로 하거나 비밀결사 및 준군사적인 경우에는 금지(제22조). |
| 한국(제헌헌법) | 정치 활동의 권리, 정당 활동의 자유, 복수정당제 등이 존재하지 않음. |
| 한국(유신헌법) | 정당의 목적이나 활동이 민주적 기본 질서에 위배되거나 국가의 존립에 위해가 될 때에는 정부는 헌법위원회에 그 해산을 제소할 수 있고, 정당은 헌법위원회의 결정에 의하여 해산(제7조 3항). |
| 한국 (1987년 개정헌법) | 정당은 그 목적·조직과 활동이 민주적이어야 하며, 국민의 정치적 의사형성에 참여하는 데 필요한 조직을 가져야 한다(제8조 2항). 정당의 목적이나 활동이 민주적 기본 질서에 위배될 때에는 정부는 헌법재판소에 그 해산을 제소할 수 있고, 정당은 헌법재판소의 심판에 의하여 해산(제8조 4항). |

한국 헌법재판소는 통합진보당의 정치 활동이 '자유민주적 기본 질서(대법원의 판결을 근거로)'에 위배된다는 심판(2014년 12월 19일)으로 통합진보당을 해산시켰다. 자유민주적 기본 질서야말로 신으로부터 해방된 인간과 개인의 권리를 추구하는 시스템인데, 통합진보당이 그것을 부정했다고 심판한 것이다.

*다른 정당에는 어떤 잣대와 가늠자를 적용해야 하는가?*

다른 정당들은 이제부터 몸을 사려야 한다. 인간과 개인의 권리를 무시하는 정당들이 부지기수여서 하는 말이다. 헌법재판소는 이런 정당들에 대해 어떤 잣대로 판단하고 심판할지 상상이 잘 되지 않는다.

물론 헌법재판소는 헌법을 해석하는 기준대로 심판할 것이다. 헌법재판소가 재판하면서 헌법을 어떻게 생각하는지 보자. "헌법 해석은 헌법이 추구하는 이상과 이념에 따른 사회적 요구를 올바르게 수용하여, 헌법적 방향을 제시하는 헌법의 창조적 기능을 수행함으로써 (……) 헌법적 지도로 정치적 불안과 사회적 혼란을 막는 가치관을 설정하여야 한다."* 헌법재판소는 이러한 가치관에 맞게 통합진보당의 정치 활동이 헌법 제8조 2항과 4항의 민주

---

* 헌법재판소, 「국회의원선거법 제33조, 제34조의 위헌심판」 선고, 〈88헌가6〉, 1989. 9. 8.

적 기본 질서에 위배된다고 했다.

헌법재판소는 통합진보당의 해산 사유를 다음과 같이 밝혔다. "피청구인이 추구하는 북한식 사회주의 체제는 1인 독재를 통치의 본질을 추구한다는 점에서 민주적 기본 질서와 근본적으로 충돌하며, 내란 관련 사건, 중앙위원회 폭력 사건 등 피청구인의 활동들은 국가의 존립, 의회 제도, 법치주의 등을 부정하는 것이다. (……)"* 헌법재판소는 '민주적 기본 질서'를 북한식 사회주의 체제와 반대되는 가치로, 행위는 없어도 마음을 드러내는 것을 내란 사건으로 해석하였다. 이런 판결 때문에 헌법재판소는 딜레마 상황에 빠지게 되었다. 한국 정당들도 북한이 '민'에게 보장하고 있는 민주적 권리들을 지향하고 있어서 그렇다. 헌법재판소는 이런 정당들에 대한 해석의 기준을 밝혀야 할 것이다. 그래야 많은 정당들이 자유롭게 정치 활동을 할 것이 아닌가.

---

\* 헌법재판소, 통합진보당 해산 결정문, 〈2013헌다1〉, 2014. 12. 19.

# 탄핵 심판 VS
# 면죄 심판

## 심판의 무기인 민주주의 원리

한국의 촛불 항쟁은 2016년 11월부터 2017년 4월까지 꺼지지 않았다. 권력을 대표하는 전직 대통령 박근혜가 헌법과 법률을 준수하지 않았고, 소수 권력자들이 사익을 위해 국정을 농단한 것에 대해 '민'의 권리가 분노한 것이다.

전직 대통령 박근혜는 헌법수호 및 헌법준수 의무(헌법 제66조 제2항, 제69조)를 비롯해 열 가지 이상의 헌법을 위반했고, 뇌물죄와 공무상비밀 누설죄(특정범죄가중처벌등에관한법률 제2조 제1항 제1호, 형법 제127조) 등의 법률을 위반한 혐의로 소추되어, 국회가 의결하고 2017년 3월 10일 헌법재판소가 인용하였다. 헌법과 법률의 여러 복잡한 조항을 축약해서 말한다면, 전직 대통령 박근혜는 무수히 많은 사익을 추구하기 위해 권력을 악용했고, 헌법 규정과 원칙에 위배하여 헌법 질서의 본질적 내용을 훼손하거나 침해, 남용하였다.

국회와 헌법재판소는 대통령 탄핵을 소추하고 인용하면서 헌법의 본질적 가치를 다시 '자유민주적 기본 질서'로 제시하였다. 국회의원 171명이 서명하여 제출한 '탄핵소추'의 이유는 다음과 같다. "박근혜 대통령의 위헌, 위법 행위는 헌법 수호의 관점에서 볼 때 대한민국 헌법 질서의 본질적 요소인 자유민주적 기본 질서를 위협하는 행위로서 기본적 인권의 존중, 권력 분립, 사법권의 독립을 기본 요소로 하는 법치주의 원리 및 의회 제도, 복수 정당제도, 선거 제도 등을 기본 요소로 하는 민주주의 원리에 대한 적극적인 위반임과 동시에 선거를 통하여 국민이 부여한 민주적 정당성과 신임에 대한 배신으로서 탄핵에 의한 파면 결정을 정당화하는 사유에 해당한다."[*]

헌법의 본질적 요소인 '자유민주적 기본 질서'와 '민주주의의 원리'의 가치가 탄핵을 결정하고 심판하는 근거였다. '민'의 권리도 헌법의 이러한 가치를 존중한다. '민'이 권리의 이유여서 그렇기도 하지만, 이 가치의 원칙이 모든 권력에게 적용되어야 한다. 특정한 상황이나 일부 권력만이 아니라, 권력 구조의 전반을 규

---

[*] 국회, 「대통령(박근혜)탄핵소추안」, 2016. 12. 3.

정하는 가치로 존재할 필요가 있다는 것이다. 자유민주적 기본 질서와 민주주의 원리를 위배하는 모든 권력이 탄핵의 대상이 된다는 의미이다.

입법 권력과 사법 권력이 대통령을 탄핵했다. 권력이 권력을 탄핵하였다. 세계 헌법의 탄핵 제도는 모두 이러한 방식이다. 에릭 홉스봄(E. Hobsbawm)은 『제국의 시대 1875-1914』에서 권력이 주도하는 민주주의의 한계를 말하고 있다. 권력 스스로 민주주의를 수용하는 이유가 있는데, 그 핵심은 '민'의 불만을 잠재우면서 새롭게 길들이는 전략이란다. "민주주의란 쉽게 길들여질수록 불만 또한 줄어들게 되어 있다. 그래서 지배 세력의 새로운 전략들은 늘 사회 개혁과 복지 프로그램이라는 모험으로 가득하다."* 그러나 '민'이 탄핵의 권리를 직접 행사할 수 없는 것인가? 권력에게 면죄부를 주는 결정이나 심판을 경계하는 '민'의 유토피아적인 상상이다.


## 탄핵 권한의 방식이 다른 세계 헌법

대통령 탄핵을 발의하고 결정하는 방식이 세계 헌법마다 다르

---

\* 에릭 홉스봄, 김동택 옮김, 『제국의 시대 1875-1914』, 한길사, 2006, 197쪽.

다. 나라별 특성이려니 하지만, 탄핵의 소추와 심판의 권한을 국회가 가지고 있는 사례는 특별하게 다가온다. 국회가 '민'을 대표하는 권력 기구여서 그럴 것이라고 상상해 본다.

| 국가 | 탄핵 |
|---|---|
| 그리스 | 대통령 탄핵 발의는 재적 국회의원 1/3, 탄핵 결정은 국회의원 2/3(제49조). |
| 남아공 | 재적 국회의원 1/3 발의, 국회의원 2/3 찬성으로 탄핵 심판(제89조). |
| 독일 | 연방의회와 연방참사원의 탄핵소추, 탄핵소추는 최소한 연방의회 재적 의원의 4분의 1 또는 연방참사원(상원) 표결의 4분의 1. 탄핵소추의 의결은 연방의회 재적 의원의 3분의 2 또는 연방참사원(상원) 표결의 3분의 2(기본법 제61조). 연방헌법재판소가 대통령직의 상실을 선언(기본법 제61조). |
| 미국 | 의회의 탄핵소추 및 탄핵심판의 권한(연방헌법 제2조). 상원은 모든 탄핵 심판의 권한을 독점, 합중국 대통령을 심판할 경우에는 연방 대법원장(Chief Justice)을 의장으로 하고, 출석 의원 3분의 2 이상의 찬성 필요(제1조 제3항 〈6문〉). |
| 스페인 | 하원의 10분의 1로 정부 불신임 동의(제113조 1항, 2항), 하원의 불신임 동의안이 가결되면, 정부는 국왕에게 사표 제출(제114조). |
| 프랑스 | 대통령의 파면은 의회가 고등법원으로서 심리하여 결정(제68조) |
| 필리핀 | 대통령, 부통령, 대법관, 헌법위원, 옴부즈맨이 탄핵의 대상(제11장 제2조). 헌법 위반, 범죄, 부패, 국민 신의 배반 등(제11장 2조). 탄핵소추 하원 1/3 이상, 탄핵결정 상원 2/3(대법원장의 탄핵결정회의 의장)(제11장 제3조 1항–6항). |
| 한국 | 국회의원 1/3 이상의 발의와 과반수 의결로 대통령·국무총리를 탄핵 소추 의결(제65조 1항, 2항), 대통령에 대한 탄핵소추는 국회 재적 의원 과반수의 발의와 국회 재적 의원 3분의 2 이상의 찬성(제65조 2항). |

대통령 탄핵을 발의하는 방식은 나라마다 다양하다. 그런데 발의된 탄핵안을 결정하는 방식은 대부분 재적 국회의원 2/3의 찬성이 필요하다. 문제는 탄핵을 최종적으로 결정하는 방식에서 차이가 있다. 한국은 국회에서 탄핵을 의결하더라도 헌법재판소의 인용이 있어야만 국회의 의결이 효력을 발휘한다. 그러나 그리스, 남아공, 미국, 프랑스는 국회에서 탄핵을 결정한다. 내각불신임과 관련된 스페인의 경우에도, 하원이 결정하면 내각은 국왕에게 사표를 제출해야 한다. 한국의 사례를 선의로 톺아본다면 이럴 것이라고 상상한다. '국회의 터무니없는 탄핵 발의와 탄핵 결정을 사법 권력이 견제하는 권력 균형의 일환일 것이다.'

그런데 2017년 한국 대통령의 탄핵 사건은 많은 것을 고민하게 한다. 국정농단과 관련된 소수의 권력자들이 구속된 상태에서 법의 심판을 기다리고 있다. 사법 권력이 권력의 공정성과 정의로움을 복원하겠냐는 것이나. 그러나 이 시점에서 고민해 볼 것들이 많다.

국정농단은 박근혜 전 대통령의 측근들과 청와대의 권력 실세들만의 행위였나? 그런 행위를 지지하고 떠받들었던 사람들은 박근혜 전 대통령의 탄핵으로 면죄되는 것인가? 소위 '적폐'는 권력형 부정부패만을 말하는 것인가?

사법 권력은 국정농단에서 자유롭지 않다. 그런데 국정농단의 주범들을 심판해서 권력의 질서를 바로잡는다니. 뭔가 아이러니하다. 박근혜 전 대통령의 동반자들이 등을 돌리고 대통령을 탄핵하고 심판하는 주인공이 되었으니, 그 이전의 반헌법적 행위들에 대해 면죄부를 주는 것이 자유민주주의 기본 질서와 민주주의의 원리를 위배하지 않는다는 모순적 민주주의의 단면이 아닐까 상상한다. '권력형 부정부패'를 청산하는 과정에서 몇몇 권력자가 감옥에 들어가는 것은 개혁의 청신호임에 틀림없다. 하지만 '권력형 적폐'의 든든한 버팀목이었던 권력 시스템은 면죄부를 받아도 되는 것인가. 증거가 있는 위법 행위자만이 책임을 지는 법리주의 원칙의 질곡이기도 하다. 나는 권력형 범죄에 대해서는 연좌제와 같은 징벌이 필요하다는 것도 상상한다.

## 6장

공공성

세금의 권리

# 공공의 주인이라는 허구

공공의 주인이 누구인가에 대한 이야기다. 다양한 역사적 사실들이 증명한다. 국가와 '민'이 등치되지 않는 한, 국가와 '민'은 항상 그 주인의 자리를 놓고서 서로 싸우지 않았던가. 국가가 '공공'을 독점한 상태에서 그 힘으로 '민'을 지배하기 때문이다.

'민'이 공공의 주인이 아니라면, 모든 권력이 국민으로부터 나온다는 것은 허구일까?

헌법 전쟁은 이런 허상의 미로에서 벗어나려 한다. 물론 세계 헌법도 대부분 '민'을 권력의 대상으로 여기면서 보호하려 한다. '민'을 보호하는 것이 공공의 역할이라고 여긴다. 그런데 남아공과 프랑스는 헌법의 내용이 아닌 「권리장전」이나 「인권선언」의 규정들에 대해 헌법 권력을 부여한다.

사람들은 권리만을 가지고 주체적으로 살아가면 되지, 굳이 권력을 만들어 지배와 복종의 관계를 만드는 것일까? 헌법 전쟁은 그 이유를 풀어내고 있다. 인간이 너무 허약해서 권력을 추구하도록 만든다는 것이다. 정말일까?

　권력의 힘은 공공 재정과 긴밀한 관계가 있다. '민'을 지배하는 수단이자 대외적인 국가 관계의 우위를 점하는 증표가 아니겠는가. 세계 헌법들이 세금을 '민'의 의무로 규정하는 이유일 것이다. 하지만 세금이 왜 권리로 인정되지 않는 것인지 의문이 든다. 국회가 민의 권리를 대신한다는 관점을 전복한다는 전제에서, 민이 직접 세금을 거두는 방식이나 그 양을 결정하고, 그렇게 만든 공공 재정의 쓰임새까지 권리임을 헌법이 보장하면 되지 않을까.

　헌법은 공공 재정의 역할을 '인간다운 생활, 사회보장의 추진, 생활 능력이 없는 사람들에 대한 기초 생활의 보장, 노동 능력이 부족한 사람들에 대한 복지' 등으로 선언하고 있다. 헌법은 세금이 권리이어야 할 가치를 내세우고 있는데, 왜 사람들은 색안경을 쓰고서 사회보장 정책을 바라보는 것일까.

　'민' 스스로도 세금을 의무로만 여기기 때문이다. '세금은 의무이면서 동시에 권리'라는 생각의 전환만 이루어진다면, 세금이 제대로 사용되는가 여부에 관심도 많아질 것이고, 일상에서 굳이 기부하지 않고 살아도 떳떳한 마음이 유지되지 않을까?

# 백지수표 권력 VS
# 부도어음 권리

## 권리의 징표인 주체성

헌법의 전문은 그 헌법의 길잡이다. 헌법을 제정하게 된 역사적 배경이나 제정 과정 등을 드러내고, 헌법 속에 들어가 있는 가치와 철학으로 국가의 권력과 권리가 지향할 이정표를 제시한다. 프랑스의 1789년 「인간과 시민의 권리선언」과 1948년 「세계인권선언문」은 아마도 헌법의 전문을 만드는 시금석이었을 것이다. 두 선언문은 권리의 정당성과 사람의 주체성을 전제로 하고 있다. '인간은 자유롭고 평등하게 태어나서 똑같은 존엄과 생존할 권리를 가진다.'는 보편적 가치이다. 내 안에 숨어 있거나 내면화되어 있는 인종차별의 심리가 부끄러움으로 다가오게 하는 힘이 그 속에 들어 있다.

많은 국가의 헌법 전문은 주권자가 그 나라의 '민' 임을 선언하고 있다. 주권자가 있어야 국가가 만들어지듯, 국민으로 해석하든 인민으로 해석하든, 어쨌든 '민'이 틀림없다. 그래서 많은 헌법들은 주권자들의 권리가 존중되어야 하고, 권리를 위해 봉사하는 권력의 모습들을 전문에서 드러낸다.

*권리의 주체성이 뭘까? 당신은 주체적인가?*

답변자들은 순간 주체라는 말을 쓰고 말하는 데 주눅이 든다. 그동안 주체를 북한의 주체사상과 유사한 것으로 내몰았던 권력의 영향 때문일 것이라고 상상한다. 그러나 주체라는 말은 그리 복잡한 것이 아니다. 각자가 스스로 하나의 존재임을 인정하는 것이고, 뭔가를 결정하고 행동하는 데 있어서 피동적인 존재가 아니라 능동적인 존재로 살아간다는 의미이다. 그렇지만 인간의 주체적 존재는 사회적 관계를 맺는 순간부터 권리와 권력을 주고받으면서 법의 지배에 대한 정당성을 부여받는다. 이러한 정당성을 비판하는 논리도 있다. "사람들은 대체로 법의 지배를 신봉하며, 그 이유를 대헌장이라는 뿌리에서 찾는다. 그러나 몇몇 법이 민주적인 목적으로 가지고 있다고 해서 모든 법률에게 복종해야 한다는 생각은 권력의 손에 백지수표를 쥐어주는 것과 같다."*

---

* 데이비스 D. 조이스, 안종설 옮김, 『하워드 진』, 열대림, 2006, 140쪽.

*헌법이 지향할 가치가 무엇이겠는가? 권력 가치가 우선일까, 아니면 권리 가치가 우선일까.*

헌법의 내용 속에는 '민'의 권리와 의무, 권력의 구조, 권력을 형성하는 방식 등이 혼재되어 있다. 세계 헌법들은 그에 대한 의문의 탈출구를 제공하고 있다. 세계 헌법들은 전문이나 국가의 정체부분에서 사람의 주체성과 권리를 최고의 가치로 제시하고 있다.

### 권리의 가치를 지향하는 세계 헌법

권력의 주인이라는 말을 쉽게 이해해 보자. 주인이 권력 기관을 만들어 운용한다는 것이 아닐까. 세계 헌법은 그 의미를 다양하게 표현하고 있다. 권리가 권력을 감시하고 조사하고 비판하여 변화시키면서, 필요한 경우에 권력을 교체할 수 있는 근거들이다.

| 국가 | 공공 의무 |
|---|---|
| 그리스 | 모든 권력은 국가와 인민을 위해 존재한다(제1조 3항). |
| 남아공 | 국가는 권리장전에 들어 있는 인민의 권리들을 존중하고 보호하고 신장시켜야만 한다(제7조 제2항). |
| 독일 | 헌법을 제정할 권력을 국민이 보유(전문). 모든 국가 권력은 국민으로부터 나온다. 국가 권력은 국민에 의하여 선거와 투표를 통해 행사되고, 입법, 집행 및 사법의 특별한 기관을 통해 행사된다(제20조 2항). |

| 미국 | 이 헌법에 의하여 부여되는 모든 입법 권한은 합중국의회(Congress of the United States)에 속하며, 합중국의회는 상원(Senate)과 하원(House of Representatives)으로 구성(제1조 1항). |
|---|---|
| 베네수엘라 | 민이 주체인 민주적 사회국가, 생명, 자유, 정의, 평등, 연대, 민주주의, 사회적 책임 그리고 인권과 윤리, 정치적 다원주의의 보편적 실현을 법 질서와 집행의 최고 가치로 삼는 국가(제2조). |
| 스페인 | 국가 권력이 보장해야 할 민주적 공동 생활, 법치 국가의 강화, 인간다운 생활을 위하여 문화 및 경제 발전의 가치(전문). |
| 중국 | 국가의 권력 기관이나 권력 세력들은 인민의 법인 헌법을 존중하고 공적 행동의 기준을 헌법으로 삼아야만 한다(전문). |
| 프랑스 | 프랑스 인민은 1789년 인간과 시민의 권리선언에서 규정하고, 1946년 헌법 전문에서 확인·보완된 인권과 인민 주권의 원리(전문). |
| 필리핀 | 공정하고 인간적인 사회 및 법치로 민주주의 추구하는 정부, 진실·정의·자유·사랑·평등·평화를 지향하는 정부의 원리(전문). |

세계 헌법들은 '민'의 권리를 권력이 보호하겠다고 선언한다. 세계 헌법들은 '민'의 권리를 다양한 방식으로 인정한다. 그리스와 중국과 스페인은 권력의 의무를 정하는 방식으로 권리를 보장하고 있다. 그런데 헌법 제정의 권력을 국민이 보유하고 있다고 규정한 독일 헌법을 눈여겨볼 필요가 있다. 헌법의 실제 주인이 국민임을 드러내고 있는 것이다. 남아공과 프랑스는 매우 독특하다. 헌법의 내용이 아닌 「권리장전」이나 「인권선언」의 규정들에 대해 헌법 권력을 부여한다. 프랑스 헌법이 굳이 '민'의 권리들을 헌법에서 세세하게 규정하지 않은 이유라고 생각한다.

그런데 아이러니한 현상이 발생한다. 권력의 주체가 권력의 보호를 받는다는 딜레마이다. 권력을 다르게 표현하기도 한다. 영향력, 설득력, 강제력, 권위 등이다. 상대방을 자신이 의도하는 방향으로 행동하게 하거나 하지 못하게 하는 힘으로 작용하는 것들이다. 사람들은 권리를 보유하고 있지만 권력의 힘 앞에서 늘 지배를 받으면서 살아간다.

*그런데 사람들은 권리만을 가지고 주체적으로 살아가면 되지, 군이 왜 권력을 만들어 지배와 복종의 관계를 만드는 것일까?*

인간이 권력을 추구하도록 만드는 것은 인간의 허약함에서 비롯된다고 보는 눈이다. "권력은 인간을 허약한 상태로 축소시킨다. 폭군은 백성들이 그에게 복종하기 때문에 그가 수행해야 하는 의무들에 대해 화를 낸다. 사람들에 대해 행사하는 그의 권위에 대한 신의 승인의 대가를 그는 항구적인 신화적 희생, 신 앞에서의 항구적인 굴종으로 치른다. 신에 대한 봉사를 그만두면서 동시에 그는 국민에 대한 봉사를 그만둔다. 사실 모든 복종은 어떤 권력에게 권리를 제공한다. 그리고 복종의 대가로만 권력이 존재한다. 그래서 어떤 사람들은 통치받는 것을 너무 쉽게 받아들인다. 권력은 사방에서 부분적으로 위계의 모든 층위에서 행사된다. 이것이 바로 그것의 이론의 여지가 있는 편재성이다."*

---

\* 라울 바네겜 지음, 주형일 옮김, 『일상생활의 혁명』, 시울, 2006, 184쪽.

'민'의 속성 중 권력에 대한 '경외심의 이중성'이 있는 것은 아닐까? 역사적으로 축적되어 계승되고 있는 권력의 단면이다. 하나는 권리를 짓밟는 권력의 일상성과 맞닥뜨리는 순간 '민'의 본성적 촉수를 자극하는 '두려운 경외심'이고, 권리를 무력하게 만드는 권력의 영향력 앞에서 다짐하고 또 다짐하는 '성공의 경외심'이다.

그런데 한국 헌법의 전문은 거창한 가치로 가득하다. 권력에 저항했던 권리 주체들의 역사적 사건과 그 정신, 민주적 기본 질서의 다양한 이념과 가치들이 뭉텅이로 빼곡하게 들어가 있다.

| | 제헌헌법 | 유신헌법 | 1987년 개정헌법 |
|---|---|---|---|
| 헌법 전문 | *삼일운동으로 대한민국을 건립한 독립정신 계승.<br>*정의인도와 동포애로써 민족의 단결 공고.<br>*민주주의 제도 수립하여 각인의 기회 균등. 책임과 의무.<br>*국민에게 책임과 의무를 완수케 함.<br>*항구적인 국제평화의 유지에 노력. | *3·1운동의 숭고한 독립정신과 4·19의거 및 5·16혁명의 이념을 계승.<br>*자유민주적 기본질서 공고.<br>*새로운 민주공화국을 건설하여 각인의 기회를 균등.<br>*국민에게 책임과 의무를 완수케 함.<br>*항구적인 세계평화에 이바지. | *3·1운동으로 건립된 대한민국임시정부의 법통과 불의에 항거한 4·19 민주이념을 계승.<br>*자율과 조화를 바탕으로 자유민주적 기본질서 공고.<br>*정의·인도와 동포애로써 민족의 단결 공고.<br>*국민에게 자유와 권리에 따르는 책임과 의무를 완수하게 함.<br>*세계평화와 인류공영에 이바지. |

한국 헌법의 전문은 너무나 많은 것들을 '민'에게 요구한다. 헌법을 제정하고 개정하는 주체가 '대한국민'이라고 하면서, 국민 스스로 져야 할 짐이 너무 많다. 독립운동이나 민주화운동의 정신을 계승하고 책임과 의무를 다하면서, 민족단결이나 국제평화와 만민공영까지 담당해야 한다. 각종의 정신이나 이념이 구체적으로 적시되어 있다면 몰라도, 그것을 인지하지 않고 살아가는 민에게 너무나 버거운 짐만 던져주고 있다. 솔직히 계승해야 할 정신과 이념이 무엇인지 알지 못한다. 헌법 전문이 세계 헌법처럼 권리를 추구하는 것으로 단순화시켰으면 좋겠다. '민'이 삶 속에서 구체적으로 실현하면서 살아갈 권리 가치를 잘 드러나게 하자는 것이다.

# 징수 권력 VS
# 수혜 권리

## 세금은 권리

역사는 세금과 저항의 상관관계를 적절하게 밝히고 있다. 고대 사회부터 각종 전쟁의 승패를 좌우했던 것도, 도시국가나 왕조들이 서로 동맹을 맺거나 또는 혈의 동맹을 깨는 계기도 세금 때문인 경우가 허다했다. 영국의 귀족들이 왕에게 저항해서 「대헌장」을 채택하게 된 것도 조세 문제에서 비롯되었다는 것을 익히 알고 있다. 그래서 절대군주나 교황청만이 소유했던 토지가 그 뿌리이겠지만, 조세 제도는 가장 쉽게 공공 재정과 사회적 자산을 만드는 방식으로 자리 잡게 되었다. 그러나 자신의 생명과 안전을 책임져 준다는 권력에게 세금을 내면서 살다가, 먹고 사는 것조차 힘든 상황에서 과도하게 부과되는 조세 때문에 저항하다가 죽음을 면치 못한 경우가 허다했다. 권력이 붕괴하거나 위기로 내몰리게 되는 원인으로 작용하기도 하였다.

*이렇게 만들어진 공공 재정은 어디에 어떻게 쓰여야 하는 것인가?*

헌법은 조세를 '민'의 의무로 규정하고 있다(제38조). 공공 재정이 필요하다는 전제에서 볼 때, 나라의 모든 사람이 세금의 의무를 지는 것은 정당하다. 그런데 세금이 왜 권리로 인정되지 않는 것인지 의문이 든다. 국회가 '민'의 권리를 대신한다는 관점을 전복한다는 전제에서, '민'이 직접 세금을 거두는 방식이나 그 양을 결정하고, 그렇게 만든 공공 재정의 쓰임새까지 권리임을 헌법이 보장하면 되지 않을까.

*주권자에게 세금을 관리할 권한이 부여되는 것은 어떨까?*

세금이 권리여야 한다는 근거는 헌법에서도 찾을 수 있다. 헌법 제10조의 내용이다. "모든 국민은 인간으로서의 존엄과 가치를 가지며, 행복을 추구할 권리를 가진다. 국가는 개인이 가지는 불가침의 기본적 인권을 확인하고 이를 보장할 의무를 진다." 국민보다 국가가 우선이 아닐 경우, 이 내용은 헌법이 내세울 수 있는 최고의 가치다. 이를 법리적으로 해석할 필요도 없다. 헌법 제34조가 밝혀

주고 있다. "모든 국민은 인간다운 생활을 할 권리를 가진다." 이 내용은 국민 모두에게 행복한 삶의 여건을 조성하는 것이 국가의 의무라고 말한다. 공공 복지의 의무가 권력에게 있다는 것이다.

세금이 권리인 사회가 정의롭다. 라이트(E. O. Wright)는 정의로운 사회의 모습을 이렇게 정의하고 있다. "모든 사람이 기본적인 사람의 기능을 발휘하고, 이것을 작동시켜 번영하는 데 필요한 다양한 수단들을 특별한 제약 조건이 없이 접근할 수 있는 사회가 정의로운 사회이다."* 라이트가 1789년 프랑스의 「권리선언」과 1948년 「세계인권선언」에서 자신의 근거를 가져왔을 것이라고 상상해 본다. "모든 시민은 그 자신 또는 그의 대표자에 의해서 공공조세의 필요성을 확인하고, 그것을 자유로이 승인하고, 그 용도를 감시하고, 그 할당액ㆍ부과 기준ㆍ징수 기간을 결정하는 권리를 갖고 있다."(「1789년 인간과 시민의 권리선언」 제14조) UN도 「세계인권선언」을 통해 모든 사람에게 생물학적이고 본성적인 권리, 즉 생명의 권리, 자유를 누릴 권리, 안전하게 살 권리를 보장한다. 국가는 이를 보장하고 실현하는 데 돈이 필요하다. 그러한 돈을 내는 권리도 '민'이고 그 돈의 혜택도 '민'의 권리가 아닐까.

---

* 에릭 올린 라이트, 권화현 옮김, 『리얼 유토피아』, 들녘, 2012, 45쪽.

## 권리를 위한 세계 헌법의 공공 자산

세계 헌법은 공공 재정이 쓰여야 할 원칙들을 밝히고 있다. 조세 제도의 정당성을 제공하는 근거이다. 공공 재정이 사회 보장이나 공공 이해를 위한 정책에 쓰여야 한다는 것이다. 사회 보장과 공공성이 헌법 권력의 중요한 가치임을 말하고 있다. 심지어 공공의 이해를 위해 사적 재산의 권리까지 제한한다는 근거도 존재한다.

| 국가 | 공공 재정의 목적 |
|------|------------------|
| 남아공 | 공공의 이해나 목적을 위해 사적 재산에 대한 수용이 가능(제25조 2항). 자연자원에 대한 공공적 이용을 강화하기 위해 토지개혁 추진(제25조 4항). |
| 독일 | 공공 복리에 이바지하는 재산권의 의무(제14조 2항). |
| 미국 | 국내의 안녕을 보장하며, 공동의 방위를 도모하고, 일반 복지를 증진(전문). |
| 베네수엘라 | 경제 체제는 사회정의, 민주화, 효율성, 자유경쟁, 환경보호, 생산성과 연대의 원칙을 바탕으로 …… 국민경제의 조화로운 발전을 도모(제229조). |
| 스페인 | 소득 분배의 균일화와 완전 고용의 지향(제40조 1항). 직업 창출 및 재훈련을 위한 정책의 추진, 노동의 안전 및 건강의 보호와 노동 시간의 제한(제40조 2항). 사회보장제도의 유지(제41조). |

| | |
|---|---|
| 일본 | 모든 국민은 건강하고 문화적인 최소한도의 생활을 영위할 권리를 가지며, 국가는 모든 생활 부문에서 사회 복지, 사회 보장 및 공중 위생의 향상 및 증진을 위하여 노력(제25조 1항, 2항), 재산권의 내용은, 공공의 복지에 적합하도록 법률로 규정(제29조 2항). |
| 프랑스 | 인간은 권리로서 자유롭고 평등하게 태어나며 생존한다. 사회적 차별은 공동이익에 기초한 경우에 한해 가능(「1789년 인간과 시민의 권리선언」 제1조). |
| 필리핀 | 국가는 필리핀 사람들의 인간다운 생활을 위해 완전 고용과 경제 발전을 촉진시키고, 이를 위해 자원과 인력을 효과적으로 활용한다(제12조). |

세계 헌법은 '최저 생활의 권리 보장, 완전 고용, 노동의 안전과 건강 보호, 공공 복리에 대한 사적 재산의 의무, 조화로운 경제 발전' 등을 공공 재정을 사용하는 목적으로 선언하고 있다. 개인의 재산권이라 하더라도 공공 복리에 이바지해야 한다고 규정한 독일 헌법과 일본 헌법, 균등한 소득 분배와 완전 고용을 규정하고 있는 스페인 헌법과 필리핀 헌법, 인간다운 생활의 권리를 위해 공공 재정이 쓰여야 한다는 일본 헌법과 필리핀 헌법 등은 공공 재정에 대한 권력의 의무를 밝혀주고 있다. 만약 권력이 이런 의무를 잘 이행한다면, '민' 스스로도 세금을 권리로 접근할 만한 근거가 아니겠는가.

고흐(Gough, I)는 사회가 발전할수록 공공 재정의 규모가 증가되어야 하고, 그 쓰임새를 '민'의 권리로 접근해야 한다고 말한다. 사회 구조가 권력이나 권리에게 요구하는 현상이다. "① 사회적 서비스를 공급하는 비용의 증가, ② 국가에 의존해야만 할 인구의 증가, ③ 생산력의 발전에 따른 양질의 서비스 재화 증가, ④ 실업이나 빈곤에 따른 사회적 필요의 증가"* 등인 것이다. 공공 재정으로 해결해야만 할 사항들이다. 세금이 필요하다는 이야기이고, 분배의 불평등을 해소해 나가는 권력의 역할이기도 하다. 세금이 의무이자 권리로 존재해야 할 이유이다. 나라가 부강하다는 말은 그 나라의 공공 재정이 많고 튼실하다는 것이 아닐까.

이 부분에 있어서만큼은 한국 헌법도 다른 세계 헌법과 크게 다르지 않다. 물론 공공 재정과 관련된 법률이 헌법의 규정을 얼마나 잘 반영하고 있느냐의 문제는 다른 차원의 것이라는 전제에서 하는 말이다.

헌법은 공공 재정의 역할을 "인간다운 생활, 사회 보장의 추진, 생활 능력이 없는 사람들에 대한 기초 생활의 보장, 노동 능력이 부족한 사람들에 대한 복지" 등으로 선언하고 있다. 최저임금이 올라야 하는 근거도 헌법에 있는 것이다. 각종 재난이 발생할 때마다, 그 책임을 공공에게 묻고는 한다. 각종 사건 사고가 날 때마다 안전 불감증이라는 비난이 쏟아진다. 이런 비난은 안전하고 편안하게 살아가는 것이 인간의 기본적 권리임을 사회적으로 인

---

* Gough, I., *The Political Economy of the Welfare State*, Basingstoke: Macmillan, 138-140쪽.

정하기 때문에 그 정당성을 갖게 된다. 공공 재정이 가지고 있는 헌법 권력이자 헌법 권리의 힘이다.

| 제헌헌법 | 유신헌법 | 1987년 개정헌법 |
|---|---|---|
| 생활 유지의 능력이 없는 자는 법률의 정하는 바에 의하여 국가의 보호(제19조). | 인간다운 생활을 할 권리(제30조 1항). 사회보장 증진(제30조 2항). 생활 능력이 없는 국민을 국가가 보호(제30조 3항). | 모든 국민은 인간다운 생활을 할 권리, 사회복지에 대한 국가의 의무, 여자·노인·청소년·신체장해자 등의 권익과 복지 향상에 대한 국가의 의무(제34조 1항, 2항, 3항, 4항). 재해와 그 위험으로부터 국민을 보호할 국가 의무(제34조 6항). |

그런데 세금의 복지 정책이나 사회보장 정책이 추진될 때 별의 별 이야기들이 많다. 복지 포퓰리즘이나 '퍼주기 정책'이라는 비판의 목소리들이다. '민'도 여기에 잘 편승하고는 한다. '민' 스스로도 세금을 의무로만 여기기 때문이다. 세금을 내는 것이 권리로 여겨질 수 없을까? 방법이 없는 것도 아닐 텐데, 사람들은 세금을 그저 의무로만 생각한다. 세금을 낸 만큼 돌려받거나 그 이상의 혜택이 돌아오게끔 공공 재정의 쓰임새를 관리하고 통제하면 되지 않을까. '세금은 의무이면서 동시에 권리'라는 생각의 전환만 이루어진다면, 세금이 제대로 사용되는가의 여부에도 관심

이 많아질 것이고, 일상에서 굳이 기부하지 않고 살아도 떳떳한
마음이 유지되지 않을까 상상해 본다.

## 7장

공공 경제

공공 자산인 노동

# 공공성과 노동

지난 20년 동안 지구를 배회하면서 공공 재화를 민영화시켰던 신자유주의 유령에 대한 이야기다. 세계 헌법들도 공공 자산의 국공유를 규정하고 있다. 하지만 공공 자산의 민영화 정책은 끊임없이 지속되고 있다. 논리는 간단하다. '공공 영역의 운용에 시장주의의 잣대를 들이미는 것이다. 비용의 비효율성, 재화의 독과점, 운영의 관료성' 등의 이유에서이다.

공공 기관이나 어떤 권력도 자유롭지 않은 기준이다. 시장주의의 기준으로 보면, 효율성이 최고로 떨어지는 권력 기관은 국회, 행정부, 사법부가 아닐까 싶다.

그렇다면 사법부와 국회나 청와대나 행정부까지 민영화하고 위탁해서 운영하라고 요구하는 것이 어떨까?

국가의 권력 기관을 민영화하자는 소리에 귀를 기울이는 사람이 어디 있겠는가. 그저 허튼 소리로 여기고 말 것이다. 하지만 헌법 전쟁은 국가 기관의 민영화 소리에 화들짝하는 사람들에게 묻고 있다. 권리를 위해 싸우는 '민'은 권리의 공공성을 내세우지만, 그렇지 않은 '민'은 그저 권력의 공공성을 수용해 왔다.

그렇다면 당신의 공공성은 어디에 속하는가?

헌법 전쟁은 공공성에 새롭게 접근한다. 노동이야말로 개인의 자산이 아니라 사회적인 공공 자산이다. 노동은 삶의 본성적 욕구에서 비롯되지만, 실제로는 사회적 자산으로 존재한다. 사회의 시스템을 유지시키는 유일한 재화는 노동이기 때문이다.

이러한 공공 자산이 존중받고 노동자가 자유로운 사회란 어떤 의미일까?

어렵게 생각하고 싶지 않다. 누구든지 이해할 수 있는 수준이다. 노동조합 운동을 자유롭게 할 수 있고, 그 운동을 사랑스럽게 아우르는 사회가 그 출발이라고 본다. '노동조합에게 자유를! 노동자들에게 권리를! 노동조합과 노동자들에게 사랑을!'로 하면 어떨까.

세계 헌법은 노동의 권리를 헌법 권력이자 헌법 권리로 인정하고 있다. 그래서 헌법 전쟁은 노동이 의무이고 권리라고 하면서 일자리를 빼앗아 가는 현상에 대해 의문부호를 던진다. 기술력이 노동의 일자리를 앗아가는 것이 자연스러운 제4차 산업혁명의 시대를 맞이하고 있는 상황에서 해보는 엉뚱한 상상이다. 사람들의 일자리가 보장되지 않는 사회 자체가 위헌이 아닐까?

# 공공 재화 VS
# 사유 재화

## 삶의 권리로 존재하는 공공 재화

공공성이 다양하다. 공공성의 앞머리에 무엇이든 갖다 붙이면
될 정도이다. 중앙·주·지방 정부가 소유한 각종 기관의 공공
성, 의료 공공성, 교육 공공성, 환경 공공성, 에너지 공공성 등이
다. 노동자 헌법이나 농민 헌법이 제기되고 있는 상황을 고려하
면, 노동 공공성이나 농업 공공성의 가치도 제기될 법하다. 공공
재정이 쓰여야 할 부분을 공공성으로 말하고 있어서 하는 말이
다. 이 영역은 공공 재정이 들어가는 만큼 공공 자산이기도 하다.

공공 영역은 기본적으로 공공 재정을 이용해서 '민'에게 공공
재화를 공급한다. 그중에 대표적인 영역이 '민'의 기초 생활과 관
련된 국가기간산업 부문이다. '민'의 기초생활을 보장하기 위해

서는 거대한 초기 투자비용을 필요하다. 소위 국가기간산업에서 생산하는 재화, 예를 들면 전력·통신·철도·가스 등은 일상생활에 필수적인 것들이다.

*호주머니 밖에 있는 세금은 내 돈이 아닌가?*

악어와 악어새의 관계처럼, 세금과 공공재는 서로가 서로를 구원한다. 알랭 프라트(Alen Pratt)는 공공재의 속성을 다음과 같이 규정한다. "① 개인이나 혹은 소그룹에 의해 공급되기보다는 공적인 공동의 소유 주체가 생산하여 공급하는 재화이다. ② 재화의 가격이 수익을 추구하지 않는 수준에서 공동으로 결정되어 공급되는 재화이다. ③ 비용을 지불하지 않는 무임승차의 방식으로 재화가 사용되는 것 자체를 배제할 수 없는 재화이다. ④ 소비 과정에서 재화를 둘러싼 경쟁적 관계가 형성되지 않는 재화이다."* 간단하게 말해서 세금으로 만들어져 운영되는 재화를 의미한다. 도로나 신호등을 예로 들면, 소비자들은 그것을 구매하기 위해 경쟁할 필요가 없다. 구매의 필요성을 느끼는 모든 사람들은 언제든지 그 재화를 구매할 수 있다. 이러한 재화들은 특정한 사람

---

* Alen Pratt, Neo-Liberalism and Social Policy, Edited by Michael Lavalette and Alan Pratt, "Social Policy: a Conceptual and Theoretical Introduction"(2nd edition), SAGE Publications(London · Thousand Oaks · New Delhi), 2001, 37쪽.

들에 의해 독점적으로 소비되지 않는다. 어느 한 사람이 비용을 지불하고 소비했다고 해서 다른 사람이 소비하려는 것을 배제할 수 없다. 공공 재정으로 만드는 공공재는 '민'이 소비해야만 할 '세금의 권리'인 것이다.

공공재가 수익만을 추구하는 시장의 원리를 벗어나서 공급되고 소비되어야 한다는 사회 공공성과 깊은 연관성이 있다. 1879년 프랑스 인권선언 제17조는 소유권을 신성불가침의 권리로 확정하는 선언이지만, 사회 공공의 필요성이 소유권에 대해 제약할 수 있다는 내용도 함께 하고 있다. "신성불가침의 권리인 소유권은, 합법적으로 확인된 공공 필요에 근거하여 명백히 요구된다고 판단되는 경우가 아닌 이상, 그리고 사전에 정당한 보상을 정하고 있지 않은 이상, 어느 누구도 박탈당하지 않는다."

## 공공 자산의 정당성을 규정한 세계 헌법

세계 헌법은 사회의 공공 자산을 특별하게 관리해야 할 권력의 정당성을 보장한다. 공공 재화나 공공 재산이 개인에게 소유되는 것을 원칙적으로 규제하고 있는 것이다. 이것은 특별한 사유가 없는 상태에서 공공 자산의 소유와 운영을 넘기지 말라는 헌법 권력이다. 공공 영역의 민영화를 원칙적으로 금지하고 있는 것으로 볼 수 있다.

| 국가 | 공공 자산에 대한 규제 |
|------|----------------------|
| 그리스 | 천연자원, 광산, 지하수 등의 자연자원들은 특별법으로 규제되고, 그 자원들에 대한 소유도 특별법으로 규제된다(제18조 1항, 2항). |
| 남아공 | 공민권자들이 토지와 같은 자원들을 보다 잘 활용할 수 있도록 합리적인 법률를 만들어야 함(제25조 5항). |
| 독일 | 토지, 천연자원 및 생산수단은, 사회화를 목적으로, 보상의 종류와 범위를 규정한 법률로써 공유 재산화 또는 기타 유형의 공동 경제화할 수 있다(제15조). |
| 베네수엘라 | 공공 이해를 위해 석유 산업과 기타 산업, 채굴, 공공적 이익과 전략적 성격의 모든 재화와 서비스를 관련 법률이 허가하는 한도 내에서 자체 보유한다(제302조, 303조). |
| 스페인 | 사회기간산업을 공공 부문으로 유지하고, 다양한 형태의 부를 전체 이익에 기여하도록 유지, 공유물 및 공동체의 소유물의 법률 제도를 정하고 천연자원의 국가 소유(제128조 1항, 2항, 132조 1항, 2항). |
| 중국 | 광산자원, 물, 숲, 산, 토지 등은 국가의 소유로 한다. 단 협동조합이 소유한 자원들은 예외로 한다(제9조). |
| 필리핀 | 농지나 기타 천연자원을 예외로 하더라도, 공공 토지, 물, 석탄자원, 석유, 숲, 자연자원 등을 국가 소유(제12장, 제2조). |

세계 헌법은 대부분 공공 자산으로 인정하고 있는 사회기간산업, 천연자원, 광산, 지하수, 공유화가 필요한 토지, 국가 이익의 도모에 필요한 산업 등의 공유화나 국유화를 명시하고 있다. 자연력으로 존재하는 공공 자산이 공공의 이익을 위해 사용하자는 취지이다. 특히 남아공, 베네수엘라, 스페인은 나라의 공공 자산이 국민을 위해 존재해야 한다는 것까지 명시하고 있다. 세계 헌법은 민영화와는 다른 가치를 헌법 권력으로 인정하고 있다. 그

런데 한국의 권력은 공공 부문의 민영화 정책을 추진할 때마다 국가 이익에 도움이 된다고 한다. 권력의 논리를 믿는 민도 많다.

권력은 민영화 정책을 추진하면서 국민 의사와 국가 이익을 앞세 우는데, 어떤 사람들의 의사를 국민 의사라 하고, 누구의 이익을 국가 이익이라고 하는지 아는가? 사람들이 공유하고 있는 자연력, 특히 도로나 물을 민영화하는 것은 나라의 영토를 민간 자본에게 파는 것이 아닌가? 아예 영공이나 공기까지 민영화하면 어떨까?

| 제헌헌법 | 유신헌법 | 1987년 개정헌법 |
|---|---|---|
| 자연력은 국유로 하고, 공공 필요에 의해 개발 특허나 특허 취소를 법률로 할 수 있음(제85조). 공공성을 가진 기업은 국영 또는 공영으로 하고, 공공적 필요에 따라 사적인 경영을 특허하거나 특허를 취소할 있음(제87조). (필요에 따라) 사영기업을 국유 또는 공유로 이전하거나 또는 그 경영을 법률로 통제, 관리할 수 있음(제88조). | 자연력은 국유로 하고, 공공 필요에 의해 개발 특허나 특허 취소를 법률로 할 수 있음(제117조 1항). (국방상 필요시 예외) 사영 기업을 국유 또는 공유로 이전하거나 그 경영을 통제 또는 관리할 수 없다(제122조). | 자연력은 국유로 하고, 공공 필요에 의해 개발 특허나 특허 취소를 법률로 할 수 있음(제120조 1항). (국방상 필요시 예외) 사영 기업을 국유 또는 공유로 이전하거나 그 경영을 통제 또는 관리할 수 없다(제126조). |

한국 헌법 중에서는 제헌헌법만이 공공 자산의 국 · 공유화뿐

만 아니라 사적 자산을 국·공유화할 수 있는 헌법 권력을 규정하고 있다. 한국 헌법 중에서는 제헌헌법만큼 공공 자산의 역할과 기능을 규정하고 있는 헌법이 없다. 제헌헌법 제88조는 국가의 공공적 필요에 따라 사영 기업까지 국유 또는 공유로 이전하여 공공 이익을 추구할 수 있게 하고 있다.

물론 유신헌법이나 1987년 개정헌법도 공공 자산의 국·공유화를 규정하고 있다. 그러나 유신헌법과 1987년 개정헌법은 "사영 기업을 국유 또는 공유로 이전하거나 그 경영을 통제 또는 관리할 수 없다."(제126조)는 규정도 포함시켰다. 이 부분과 관련해서는 유신헌법과 1987년 개정헌법이 똑같다. 1987년 민주항쟁의 결과로 개정된 헌법을 "기존 반공-발전주의 세력과 새롭게 형성된 자유주의 세력이 협약해서 나온 협약 민주주의의 산물"*로 규정하는 근거이기도 하다.

그런데 한국의 권력은 1989년에 3저(저달러, 저유가, 저금리) 호황의 시대가 저물기 시작하고 1990년대로 들어서자, 권력은 공공 부문의 민영화 정책을 본격화하였다. 논리는 간단하다. '공공 영역의 운용에 시장주의의 잣대를 들이미는 것이다. 비용의 비효율성, 재화의 독과점, 운영의 관료성' 등이다. 공공 기관이나 어떤 권력도 자유롭지 않은 기준이다. 시장주의의 기준으로 보면,

---

* 홍석만, 「장기침체와 디지털 전환시대의 헌법」, 《황해문화》, 2017년 가을, 28쪽.

효율성이 최고로 떨어지는 권력 기관은 국회가 아닐까 상상한다. 국회를 민영화하자고 하면, 그것이 말이냐는 비난이 빗발칠 것이 뻔하다. 그럼에도 불구하고 이 참에 청와대나 행정부까지 민영화하고 위탁해서 운영하라고 요구하는 것이 어떨까도 상상한다. 권력이 시장주의를 앞세워 공공 부문이나 권력 속에 들어 있는 '민'의 권리를 계속 무시하기에 드는 생각이다.

# 평생 노동 VS
# 젊은 실업

## 노동의 유토피아

100세 시대를 준비해야 하는 우리들에게 행복을 가져다주는 것은 얼마 되지 않은 재산일까, 아니면 늙어서도 할 수 있는 일자리일까. 그런데 '당신은 해고되었습니다.' '내일부터 회사에 나오지 않으셔도 됩니다.' 이런 통지를 받는 사람들이 어디 한둘인가. 노년을 위해, 늙고 병듦을 대비해 들고 있는 보험 비용조차 벌 수 없는 상황인데, 사회보장조차 제대로 되지 않는다면 노년의 삶이 어찌 될까.

한국 사회의 구조와 현상을 가장 압축적으로 표현하는 헬조선이라는 말이 그 정당성을 얻어 가고 있다. 누가 명명했는지 잘 모르지만, 한국 사회의 다양한 현상들을 압축하는 데 있어서, 절묘하게 맞아떨어진다. 이는 사회적 불평등이 구조화되고 있는 현실을 잘 드러내고 있다. 금수저·흙수저 바이러스, 생존 경쟁 바이러스, 차별 정당화 바이러스, 비정규직 당연시 바이러스가 그것이었다. 취업과 결혼을 포기해야만 하는 청년들, 비정규 노동의 터널에 갇힌 노동자들, 어찌 됐든 살아보겠다고 가게 하나 차려놓고 하염없이 손님만 기다리는 영세 상인들에게 고통을 준다. 사회의 대표적인 적폐 현상이다.

*육신이 허락할 때까지 노동을 즐기다가 죽을 수 없을까?*

노동이야말로 개인의 자산이 아니라 사회적인 공공 자산이다. 노동은 삶의 본성적 욕구에서 비롯되지만, 실제로는 사회적 자산으로 존재한다. 사회의 시스템을 유지시키는 유일한 재화는 노동이기 때문이다. 노동이 없는 사회가 존재할 수 없기에, 사람들은 노동을 사회적으로 보존해야 할 공유 자산으로 여겼다. 그래서 노동은 본성과 욕구를 실현해 나가는 천부인권적 수단이자 권리이다. 유엔이나 세계 헌법이 노동의 권리를 강조하는 이유이다. 유엔도 노동 권리에 대해 다음과 같이 규정하고 있다. "모든 노동자는 건강, 안전 및 존엄을 존중하는 근로 조건에 대한 권리를 갖고, 최대근로시간의 제한, 일간 및 주간 휴게시간, 연차유급휴가

에 대한 권리를 갖는다."(제31조 1항, 2항)

　500년 이전에 저술한 토머스 모어의『유토피아』는 공상소설의 방식을 빌려 당대 영국 사회를 대신할 수 있는 '을'들의 이상 사회를 그렸다.『유토피아』를 출간하고 난 이후에도, 권력을 향한 권리의 목소리가 끊이질 않았다. 그런 이유 때문이었을 것이라고 상상하지만, 영국 수상까지 역임했던 토머스 모어는 1535년 7월에 참수당했다. 아마도 당시 헨리(Henry) 8세가 통치하던 영국 사회를 신랄하게 그려낸『유토피아』때문이었을 것이라고 상상한다.

　토머스 모어 덕택에, 유럽에서는 유토피아를 '인간의 물질적 욕구를 최대한 만족시키면서도, 사회 제도를 통해 인간의 본성을 관리하고 통제함으로써 모두가 행복한 세상'으로 이해한다. 유토피아는 요구가 가능한 정의도 포함하고 있기 때문이다. 물론 짧은 생애 동안 손에 넣을 수 없는 욕망이나 정의라서, 현실에서는 존재하지 않는다는 의미이기도 하다. 모어가 꿈꾼 이상 사회는 죽을 때까지 노동이 즐거운 사회이기도 하다. 그리스 헌법은 토머스 모어의 이상사회를 계승하고 있다. 그리스 헌법은 노동이 즐겁고 행복해야 한다고 규정하고 있는 것이다. "가난과 강탈은 사람들을 멍청하고 복종을 잘하게 만들며, 반란의 기운을 억눌러 버린다. 그래서 모두가 농사를 짓는 노동을 하고, 부는 소수에게 독점되는 것이 아니라 개인에게 골고루 전이되어야 한다. 이런 세상에서 살아가는 사람들은 오전에 세 시간, 점심 두 시간, 오후 세 시간의 노동을 하고, 그 이외의 시간은 자유롭다."*

## 노동 권리가 보편적인 세계 헌법

노동 권리는 노동을 바라보는 가치의 문제와 상관성이 있다. 노동이 존중받고 노동자가 자유로운 사회란 어떤 의미일까? 어렵게 생각하고 싶지 않다. 누구든지 이해할 수 있는 수준이다. 노동조합 운동을 자유롭게 할 수 있고, 그 운동을 사랑스럽게 아우르는 사회가 그 출발이라고 본다. '노동조합에게 자유를! 노동자들에게 권리를! 노동조합과 노동자들에게 사랑을!'로 하면 어떨까. 그렇다고 일방적이거나 시혜적으로 사랑하자는 것이 아니다. 노동자들의 주체적인 권리를 인정하고 사랑하자는 상식인 것이다. 세계 헌법은 이러한 상식을 어떻게 규정하고 있을까?

---

* 토머스 모어, 나종일 옮김, 『유토피아』, 서해문집, 2007, 81-88쪽.

| 국가 | 노동 권리 |
|------|-----------|
| 그리스 | 노동은 권리이고 국가의 보호 속에서 즐거워야 한다(제22조 1항). 국가는 노동자들의 정신적 물질적 발전에 도움이 되는 고용조건의 창출에 노력(제22조 1항). 국가는 노동자들의 사회적 안전망을 위해 노력(제22조 1항). |
| 남아공 | 모든 공민권자는 자유롭게 직업과 노동조합을 선택할 권리 보유(제22조). 모든 노동자는 노동조합을 만들거나 가입하여 노조 활동에 참여하고 파업할 권리 보유(제23조). |
| 독일 | 모든 독일인은 헌법적 질서에 적대적이지 않은 단체와 조합을 결성할 권리를 가지며, 누구든지(everyone) 근로 조건과 경제 조건의 유지와 개선을 위하여 단체를 결성할 권리가 보장(제9조 1항, 2항, 3항). |
| 스페인 | 모든 스페인 국민은 노동의 권리와 의무 보유(제35조 1항). 모든 국민은 노동조합을 자유로이 결성할 권리를 가지며(제28조 1항), 자신의 이익을 위한 노동자들의 파업권 인정(제28조 2항). |
| 일본 | 모든 국민은 근로의 권리를 가지며 의무를 진다(제27조 1항). 근로자의 단결할 권리 및 단체 교섭 그 밖의 단체 행동을 할 권리를 보장(제28조). |
| 프랑스 | 노동 권리, 노동조합 권리, 사회보장 권리를 법률로 위임(제34조). |
| 필리핀 | 노동의 권리나 의무는 존재하지 않음. 노동조합 결성의 권리, 집회결사의 권리(제3장, 제8조) |

세계 헌법은 노동의 권리를 헌법 권력이자 헌법 권리로 인정하고 있다. 노동을 권리와 의무로 규정하고 있는 나라는 스페인과 일본이다. 반면에 그리스는 노동의 즐거움과 생활의 안전에 대해 권력이 책임을 져야 한다. 헌법이 의무로 하고 있어서다. 남아공 · 독일 · 프랑스는 노동자들의 노동권과 사회보장 권리까지 보

장하였다. 헌법이 노동과 노동자를 존중하고 있는 것이다. 하지만 한국은 다르다.

| 제헌헌법 | 유신헌법 | 1987년 개정헌법 |
|---------|---------|----------------|
| 모든 국민은 근로의 권리와 의무를 보유(제17조).<br>근로 조건의 기준은 법률로 위임(제17조). | 모든 국민은 근로의 권리와 의무를 보유(제28조 1항, 2항).<br>근로 의무의 내용과 조건을 법률로 정함(제28조 2항). | 모든 국민은 근로의 권리를 가진다. 법률이 정이 정하는 바에 의하여 최저임금제를 시행하여야 한다(제32조 1항).<br>근로 의무의 내용과 조건을 법률로 정함(제32조 2항). |

일본과 같이 노동을 근로로 접근하면서 노동의 주체를 근로자(worker)로 호명하고 있고, 유신헌법과 1987년 개정헌법은 근로의 의무와 관련한 구체적 사항을 법률로 정하고 있다. 영어를 처음 배울 때부터 'work'는 일이나 노동으로 알았는데, 헌법에서는 'worker'가 일하는 사람이나 노동자가 아니라 근로자라고 하니 혼란스럽다. 물론 근로(勤勞)도 성실하게 일한다는 의미를 내포하고 있는 한자어이지만 노동을 생산성 향상의 도구로 여겼다는 생각이 멈추질 않는다. 그래서 노동자들은 급속한 경제 성장을 위해 노동의 의무를 져야만 했을 것이다.

노동이 의무이고 권리라고 하는데 일자리를 빼앗기는 현상을 어떻게 이해해야 할지 쉽지 않다. 기술력이 노동의 일자리를 앗아가는 것이 자연스러운 제4차 산업혁명의 시대를 맞이하고 있는 상황에서 엉뚱한 상상을 해본다. 사람들의 일자리가 보장되지 않는 사회 자체가 위헌이 아닐까. 어리석은 생각이라는 것을 알면서도 내 뇌리의 언저리를 떠나지 않는 이유가 있을 것이다.

한국 사회는 그 대가를 지불하고 있다. 돈과 권력에 순응하며, 물질적 풍요를 누릴 수 있는 사회적 조건에 만족했고, 정신적 빈곤의 아련함을 고된 노동으로 대신하거나, 삶의 미래가 불확실한데도 자신만은 확실하게 보장될 수 있을 것이라는 기대 가치의 유혹에서 벗어나지 못하고 있다. 노동 현장의 육체 노동은 기피 대상으로 되어버렸고, 사회적으로 성공하지 못한 사람들의 노동 양식으로 변해 버렸다. 노동자들 스스로도 자기 자식들만큼은 육체 노동이 아닌 정신 노동을, 또는 정신 노동을 넘어 권력을 집행하면서 살게 하려고, 수단과 방법을 가리지 않고 좋은 대학에 입학시켜 출세 경쟁의 승리자로 만드는 데 중독되었다. 누구나 한국 사회의 고질적인 병폐라 하면서 처방전도 갖고 있지만, 그저 내팽개치는 처방전일 뿐이다.

이러한 유혹은 50년이 지난 지금도 강렬한 힘으로 작용하는 듯하다. 대표적인 현상은 노동자 스스로 노동의 주체성에 대한 자부심을 쉽게 내세우지 못하는 것이다. '공돌이와 공순이' 생활의 부끄러움이 강요되고 '노동자' 대신에 '근로자'의 성실성을 수용했던 그들에게는, 늘 통치의 대상으로 있으면서 착취의 고통을 당해야만 했던 그들에게는, 살아남는 것 자체가 떨쳐버릴 수 없었던 삶의 짐이다. 노동과 삶의 '격'이 무너지는 악순환 구조가 적폐로 정착되어 버린 것이다.

그래서 휴식이나 레저는 노동자의 생활과 상관없는 것으로 여겨졌다. 돈이 있거나 권력을 가진 사람들만이 즐기는 거리였다. 그런데 휴식이나 레저와 함께하지 않는 노동은 권리라고 볼 수 없다. 헬조선에서는 실업자도 많고 취업조차 하지 못하는 청년이 하도 많아서 휴식이나 레저를 색안경으로 덧씌울 가능성이 높지만, 이 두 가지는 노동과 무관하게 사람들이 행복하게 살아가기 위해 누려야만 할 기본적 권리이다. 행복의 권리를 보장한다고 하면서 휴식과 레저가 보장되지 못한다면, 그야말로 헌법의 모순적 딜레마가 아닐까. 이 딜레마를 해결하는 방법은 아주 간단하다. 돈이 없어도 휴식과 레저를 충분하게 누릴 수 있는 조건을 국가와 사회가 만들면 된다. 노동과 무관하게 그 시간과 자유를 보장받아야만 할 삶의 요소가 되게 하는 것이다. 노동자들에게 휴식과 레저를 위해 돈과 시간이 자연스럽게 주어진다면, 어렵사리 누리는 것이 아니라 누구나 쉽게 휴식과 레저를 즐길 수 있고, 노동도 건강을 유지하는 수단으로 여길 수 있다면, 노동이 진짜 인간화되는 것 아니겠는가.

## 8장

정당 대의

현대판 군주의 비극

# 정당은 누구를 대표하는가?

참으로 오랫동안 논란이 되어온 이야기다. 대의 제도는 직접민주주의를 실현하기 어려운 조건에서 그 정당성을 갖는다. 그런데 대의 제도는 권리를 위임받고 난 이후에 권력으로 돌변하여 권리를 지배하는 대표적 수단이다.

우리 모두 권리를 위임받는 권력자들을 탓하면서도 왜 대의 제도라는 권력 시스템을 문제 삼지 않는가?

차라리 대의 제도가 아니라 대리 제도였으면 좋겠다. 대리인은 언제든지 자기 의지대로 바꿀 수 있으니 말이다. 우리가 선출한 국회의원이나 대통령을 소환할 수 있으면 좋지 않을까? 권리 보유자들이 국회의원이나 대통령을 언제든지 소환해서 잘한 것은 칭찬하고 격려하는 대신 잘못한 것에 대해서는 비판하면서 면직시킬 수 있으면 좋겠지만, 그것은 그저 그림의 떡일 뿐이다.

세계 헌법은 대의 제도의 한계를 보완하기 위해 비례대표 제도를 도입하고 있다. 한국도 마찬가지이다. 그런데 비례대표 제도조차 비례주의의 원칙과 가치들을 다양한 방식으로 왜곡하고 있다. 헌법 전쟁은 그러한 현상과 원인을 밝히고 있다.

그렇지만 아직까지 해소하지 못한 궁금증이 있다. 정당이 왜 국고보조금을 받아야 하는가?

세계 헌법에도 정당을 보조하는 규정들이 있다. 물론 정당은 절대군주제의 신분적ㆍ전통적 질서에서 해방된 개인들이 자유롭게 만나서 함께 활동하는 정치 조직이고, 공공적 활동을 한다는 이유가 제시될 수 있다. 그런데 자유로운 개인들의 정치 조직이라고 한다면, 정당 활동의 재정을 스스로 해결하는 것이 원칙이 아닐까.

한국의 정당 국고보조금 제도는 1980년 12월 당시, 12ㆍ12 쿠데타 세력들이 국회를 해산시키고 법률 개정의 권한조차 없는 상태에서 만들었다. 위헌 상태에서 도입한 제도가 지금은 모든 정당이 침묵으로 일관하고 있는 합헌적 제도로 남아 있다. 헌법은 정당에게 그 권력을 보장하고 있다.

# 대의 제도 VS 대리제도

## 대의제의 프레임과 무관심

바쁘게 살아가면서 대리 제도를 써보지 않은 사람은 없다. 나를 대신해서 법률 행위를 하거나 의사표시를 하게 하되, 그 효과가 본인에게 생기는 제도이다. 현대판 '마름'이 등장한 것이다. 대리인이 잘하든 잘못하든 모든 책임은 자신이 진다. 그래서 사람들은 가장 신뢰할 만한 사람에게 대리인의 자격을 부여하고, 자신의 의사를 제대로 표시하라는 구두계약까지 자유롭게 한다. 아마도 계약 위반에 대한 책임을 대리인에게 요구하지 않을까 생각한다.

그런데 유권자들이 선출한 국회의원들은 어떠한가. 국회의원은 유권자들의 대표자라고 여기는 사람들이라서 유권자들을 대신해 권력을 행사한다. 선거 제도가 위임장이라고 본다. 대의 제도의 위임장이다. 국회의원들은 이 위임장으로 의회에서 다양한 권력을 행사한다. 마음에 들지도 않고 자신의 의지와 다르게 대표성을 발휘하는 국회의원이 있어도 어쩔 수 없이 다음 선거 때까지 기다려야 하는 제도이다. 선출된 대표자가 권리를 위임받고 난 이후에 권력으로 돌변해서 권리를 지배하고 통치할 수 있는 힘인 것이다.

*그럼 국회의원은 대리인인가 대표자인가? 당신과 어떤 관계를 맺었으면 좋겠는가?*

이에 답하기 전에 한국의 선거판을 돌아보자. 국회의원 후보자들은 유권자들에게 무엇인가를 해주겠다는 공약을 앞세운다. 그 힘으로 유권자들을 수혜의 프레임에 가둔다. 모든 선거 공약이 ##을 해주겠다거나 ##을 위해 공공 재정을 따오겠다는 식으로 유권자들의 욕망 경쟁을 부추긴다. 지역을 개발하겠다, 정부 예산을 엄청 따오겠다, 도로를 신설하거나 확·포장하겠다, 각종 시설을 짓겠다는 등. 거의 공공 재정을 가져와 돈을 벌게 해주겠다는 말과 행동뿐이다.

유권자들도 자신이 누려야 할 권리의 내용이 무엇인지조차 모른 채, 그저 누군가가 해줄 것이라는 수동적 태도를 바꾸려 하지 않는다. 이미 습으로 체화되어 있기도 하고, 국가와 권력이 틈만 나면 유권자들에게 일종의 환각제를 투여한다. 유권자들이 주체적으로 정치화되는 것을 예방하는 효과가 꽤 크다. 권력으로부터 자신의 이해를 직접 얻어내는 주체가 되지 못하고, 권력이 제공하는 틀에다 자신의 욕망을 꿰맞추게 된다.

대의제 민주주의는 공화정의 정치 원리로 세워졌다. 하지만 공리주의자였던 벤담은 『헌법론』에서 입법, 사법, 행정의 권력이 '민'에게 귀속되는 것을 경계해야 한다고 하면서, '주권을 최고 권력'으로, 대의제 민주주의를 최대의 '선'으로 규정하였다. '민'이 권력을 확보하는 순간, 무정부 상태가 발생한다고 여겼던 것이다. 그는 '민'이 직접 권력의 정책 결정 과정에 자유롭게 참여하는 것을 반대하였다. 대의제의 기저에 흐르는 원리이다. 권리 보유자들이 국회의원이나 대통령을 언제든지 소환해서 잘한 것은 칭찬하고 격려하는 대신 잘못한 것에 대해서는 비판하면서 면직시킬 수 있으면 좋겠지만, 그것은 그저 그림의 떡일 뿐이다.

대의 제도는 권력의 힘으로 유권자를 수동적인 정치 프레임에 안착시켰다. '민'의 권리를 권력에서 점진적으로 배제한 것도 그렇고, 낮은 투표율의 정치를 보편화시킨 것도 그렇다. 그런데 '민' 스스로 자문자답할 문제는 낮은 정치 참여율과 정치적 무관심이다. 낮은 투표율도 포함되지만, 꼭 투표만을 말하는 것이 아니다. 권력에 대해 온갖 관심을 가지고 있으면서도 정작 권리를 행사

하는 것에는 두문불출이다. 권리 행사를 색안경으로 덧칠하는 데
익숙하다. 이런 현상을 권리의 관점으로 본다면, '민' 스스로 자신
의 권리를 포기할 정도로, 아니 행사할 가치를 느끼지 못할 정도
로 권력에 대한 불신이 깊어져서 나타나는 현상이다. '민'은 권력
의 정치가 주는 불신의 상처 때문에 자신의 권리를 스스로 억압
하는 권리의 폭력자로 변하고 있다. 권력에 대한 불신이 권리에
대한 무력감으로 전이되고 있다.


## 권리의 비례대표성이 보편적인 세계 헌법

대부분의 국가가 비례대표의 방식을 도입하고 있다. 국회의원
의 대표성을 높이기 위한 것이다. 비례대표가 유권자들의 의지를
실제로 대표하느냐의 여부까지 알 수 없지만, 세계 헌법은 비례
대표제의 보편성을 보여주고 있다.


| 국가 | 의원 정수와 비례대표제 |
|------|------------------------|
| 그리스 | 국회의원의 수는 200명 이상 300명 이하(제51조), 국회의원의 수는 법적으로 등록된 인구수, 가장 최근의 인구조사, 선거구에 등록된 유권자 수 등을 고려해 대통령령으로 결정(제54조 2항). |

| 남아공 | 350-400명의 국회의원 모두를 비례대표제(전국비례, 지역비례) 방식으로 선출(제46조). |
|---|---|
| 독일 | 지역대표와 권역별 비례대표 방식. 비례대표 투표 결과로 정당별 총 의석이 결정된 이후에 지역구 당선자를 제외한 나머지를 비례대표로 채우는 연동형(기본법 제38조 제1항 및 제3항). |
| 미국 | 하원의원은 각 주의 인구수에 비례하여 각 주에 할당(연방헌법 수정 제14조). |
| 스페인 | 지역을 대표하는 상원(각 현마다 4명)과 선거구를 대표하는 하원. 각 선거구에 적어도 1명을 할당하고 그 잔여는 인구에 비례하여 하원의원의 정수를 배분. 자치주는 상원의원 1명 외에 해당 지역 주민 100만 명마다 1명을 추가하여 선출(제68조, 제69조). |
| 프랑스 | 지역구별 인구 비례로 선출되는 하원(577명 이하), 각 지역에서 약 15만여 명의 선거인단이 선출하는 상원(348명 이하). 하원은 소선거구 절대다수제로 선출(제24조). |
| 일본 | 소선거구 다수대표제(295명)와 권역별 비례대표제로 선출(180명)되는 중의원. 47개 대선거구에서 선출(146명)되고 전국 단위 비례대표제(96명)로 선출되는 참의원. |
| 필리핀 | 상하 양원제. 상원 24석, 하원 250석 이하(제6장 5조 1항, 17조). 하원은 인구수에 비례하는 선거구, 212개의 선거구, 소선거구제, 전체의 20%(50명)는 직능 대표(제6장, 5조 1항). |
| 한국 | 국회의원의 수는 법률로 정하되, 200인 이상으로, 국회의원의 선거구와 비례대표제 기타 선거에 관한 사항은 법률로 정함(제41조 2항, 3항). |

세계 헌법은 지역대표제와 비례대표제가 혼용되고 있음을 나타낸다. 남아공은 국회의원 모두를 비례대표 선거의 방식으로 선출하고, 독일은 지역대표와 권역별 비례대표를 선출한다. 나는 20년 전부터 남아공 비례대표제의 적절성을 강조했다. 국회의원 선거가 개시되면, 남아공 정당들은 직업과 직종과 성별·세대별

비례를 반영한 후보자 명부를 제출한다. 전국을 대표하는 후보자 50%와 지역을 대표하는 후보자 50%이다. 그리고 정당 득표율에 따라 국회의원이 선출된다. 일본도 권역별 비례대표제이다. 세계 헌법에 나타난 선거 제도의 특징은 간단하다. 첫째, 지역과 인구의 수를 고려해서 지역구별 국회의원의 수가 다양하다. 둘째, 대표성을 높이기 위해 전국비례나 권역비례와 지역비례로 국회의원을 선출한다. 셋째, 선거 당시의 인구와 유권자를 정확하게 계산하여, 그에 비례할 수 있는 국회의원의 정수를 결정한다는 사실이다.

한국의 국회의원 선거 제도는 세계 헌법과 다른 특징을 드러낸다. 제18대 국회는 2016년 3월 2일 공직선거법이 개정되어 소선구제 방식으로 선출되는 지역구 국회의원 253명과 정당명부식 비례대표로 선출되는 전국구 국회의원 47명으로 구성되었다. 제17대 국회의원 선거와 비교하면, 지역구 국회의원은 8석이 증가한 반면 비례대표 전국구 국회의원은 7석이 줄었다. 헌법재판소가 2014년 국회의원 선거 지역구의 인구 편차를 14만 명의 하한선과 28만 명의 상한선으로 판결하자, 국회는 비례대표 국회의원의 수를 줄이는 방식으로 선거구를 획정하였다. 그래서 유권자들은 지역구를 대표할 후보자에게 한 표, 비례대표를 지지할 정당에게 한 표를 동시에 행사한다. 지역구 국회의원은 다른 후보보다 단 한 표라도 더 획득하면 당선되는 상대다수대표제 방식으로 선출되고, 전국구 비례대표 국회의원은 정당별 득표율에 따라 선거 전 정당에서 제출한 명부의 순서대로 배정된다.

이처럼 한국 선거 제도는 상대다수대표제와 정당명부식 비례대표제가 공존하는 혼합형이지만, 국회의 의석 수에서 볼 때 비례대표 전국구에 비해 지역구의 비중이 너무 크다. 비례대표제는 유권자들의 성별·연령별·직업별·부문별·계급계층별 특성을 살려내고자 하는 것인데, 비례대표 전국구 국회의원의 수가 줄어드는 것이나 정당명부식 투표 방식은 비례주의의 가치를 훼손할 가능성이 높다. 정당이 제출한 비례대표 후보자들이 비례주의 가치에 상응하는지 여부보다, 정당에 대한 선호도만으로 비례대표 전국구 국회의원이 배정되기 때문이다. 또한 지역별 특성을 고려하기보다 인구수에 따른 게리맨더링 방식의 지역구 조정으로 국회의원의 지역 대표성이 왜곡될 우려도 크다. 특히 지역구에서 한 사람만 선출하는 소선구제는 소수 정당이나 이념형 정당에게 불리하고 유권자들의 선호도를 변질시킬 수 있다는 점에서 권리의 대표성을 발현하기가 쉽지 않다.

# 정당 보조금 VS
# 정당 민주성

### 정당은 현대판 군주인가

정당 제도는 그 존재만으로도 해방과 자유의 가치를 가지고 있다. 정당은 절대군주제의 신분적·전통적 질서에서 해방된 개인들이 자유롭게 만나서 함께 활동하는 정치 조직이다. 복수 정당 제도는 이러한 해방된 개인들에게 자유와 민주의 가치를 보장하기 위한 것이다. '민'의 정치적 참정권을 실체화하는 제도이다. 정당의 역할과 기능이 국가의 권력으로 향하는 이유가 아닐까. 정당의 역할과 기능을 그런 차원에서 정리하면, 다음과 같다. 보통 지도자를 만드는 활동, '민'의 이익을 집약하는 활동, 정치에 대한 '민'의 의식을 고양시키는 활동, 그리고 국가의 정책과 관련된 기구들을 조직하는 활동 등이다.

그람시(A. Gramsci)는 저서인 『옥중수고』에서 현대의 군주를 정치 정당으로 규정하였다. 정치 정당이 집합적 권력 의지를 바탕으로 권력의 주인이 될 수 있다는 생각이었다. 현대 군주는 개인이 아니라 사회 구성원들의 집단 의지를 실현하는 유기체적 존재가 되어야 하는데, 정당이 그 역할을 담당한다는 것이다. 그람시의 고민대로, 현대 사회의 정당은 권력 기관을 구성하고자 하는 사회적 집단 의지를 조직하고 실현한다. 국민의 정치적 의지를 자신의 사상이 집약된 강령으로 집단화하고 국민의 지지를 정치적인 힘으로 바꾸어 내는 것이다.

일상생활 속에서 정당은 어디에 있단 말인가? 정당이 '민'의 집단 의지를 어디에서 누가 만들어내는가?

정당은 일상적으로 권력 구조 내에서 권력 시스템을 작동하는 활동에 주력한다. 일상생활과 상당히 동떨어질 수밖에 없는 활동 조건이다. 그래서 정당으로 편재된 권력 엘리트들이 '민'의 집단 의지를 만들어 낸 다음, 선거를 통해 '민'의 심판을 받는다. 인민 주권의 원리를 대의제 방식으로 실현하는 정치 활동의 주체인 것이다. 선거로 선출된 정당의 대표들은 '민'을 대신해서 권력 기관의 주체로 변하고, 그 대표가 행사한 권한은 곧 '민'의 권리로 간주된다. 정당이 국가의 보호를 받으면서 공공 재정까지 지원받는 이유일 것이라고 생각한다.

그러나 스스로가 인간과 인류를 연구한 이론가임을 자처했던 한나 아렌트(H. Arendt)는 정당을 다르게 생각한다. 인간의 관점으로 정당을 바라보았다. 그는 『폭력의 세기』라는 책에서 권력의 폭력성과 관료성을 제기한다. "인간이 인간을 지배하는 주요 수단으로는 권력, 강제력, 권위, 폭력과 같은 것들이다. **이 중에서 폭력을 궁극적인 본성으로 하는 권력이야말로 최고의 지배 도구이다.**" 그래서 정당은 권력에 대한 의지를 앞세워 '민'의 복종 의지를 정당화한다. 한 나라의 제도가 권력을 확보하는 것은 '민'의 지지이고, 법에 대한 복종을 준비된 동의로 표시하는데, 정당은 '민'의 대의제나 대표제로 권력을 만든다.*


## 혈세로 만든 정당보조금 잔칫상

세계 헌법은 정당에 대한 지원 규정이나 정당 운영의 원칙을 정하고 있다. 세계 헌법들은 지원하는 근거를 선거에서 찾고 있고, 운영의 민주성도 강조한다. 국가의 권력을 구성하고 운용하는 한 주체로 간주하기 때문에 그럴 것이라고 생각한다.

---

* 한나 아렌트, 『폭력의 세기』, 이후, 1999, 62-73쪽.

| 국가 | 정당 지원의 형태 |
|------|------------------|
| 그리스 | 정당의 선거 비용과 운용 비용을 특별법에 근거하여 지원한다 (제29조 2항). |
| 남아공 | 다당제 민주주의를 향상시키기 위하여 법률은 평등하고 비례적인 기준에 따라 국회 또는 주 의회에 참여하는 정당에 대한 자금 지원 규정(제236조). |
| 독일 | 정당의 내부 질서는 민주적 원칙에 부합해야 한다. 정당은 그 자금의 출처와 사용에 관하 여 그리고 그 재산에 관하여 공개적으로 보고해야 한다(제21조). |
| 스페인 | 정당의 내부 조직 및 운영은 민주적이어야 함(제6조). |
| 프랑스 | 정당 및 정치 단체는 선거에 협력(제4조 1항). 법률은 정당과 정치 단체의 공평한 참여를 보장(제4조 3항). |
| 필리핀 | 선거관리위원회는 정당이 보궐선거, 국민투표, 총선거, 소환선거에서 쓰는 비용을 비율에 따라 지원(제9장 11조). |

독일·스페인·프랑스는 정당 운영의 민주성을 말한다. 정당 설립의 자유, 내부 조직 및 자산의 민주적 운영, 그리고 선거 참여 등이 헌법에서 제시되어 있다. 정당이 국가 기관 중 하나라는 전제에서 볼 때, 이들 국가는 국가 기관의 민주성을 추구하고 있는 것이다. 또한 '공유지의 비극'과 같은 현상을 저지하기 위한 헌법의 지혜라고 할 수 있다.

그리스·필리핀은 국고보조금의 대상을 선거로 명문화해서 지원하고 있다. 하지만 남아공은 정당 국고보조금을 선거 비용뿐만 일상적인 운영 비용까지 지원할 수 있는 방식으로 정하고 있다. 인종차별 체제가 인종 간 경제적 격차의 원인으로 작용한 만큼, 정당의 정치 활동 자금에서도 나타날 수 있는 인종적 격차를 좁히는 차원의 방안을 남아공 헌법이 보장한 것이다. 그런데 한국 헌법은 제5공화국 헌법에서 정당 국고보조금과 관련된 일반적 규정을 도입하였다.

| 제헌헌법 | 유신헌법 | 제5공화국 헌법 | 1987년 개정헌법 |
|---|---|---|---|
| 없음. | 정당의 설립은 자유이며, 복수 성당제는 보장 (제7조 1항). | 정당의 설립은 자유이며, 복수 정당제는 보장 (제7조 1항). 정당은 법률이 정하는 바에 의하여 정당의 운영에 필요한 자금을 보조할 수 있음(제7조 3항). | 정당의 설립은 자유이며, 복수 정당제는 보장 (제8조 1항). 정당은 법률이 징하는 바에 의하여 정당의 운영에 필요한 자금을 보조할 수 있음(제8조 3항). |

우리나라 헌법 제8조 3항에 따르면, 국가는 정당을 보호하면서 정당 운영에 필요한 자금을 국민의 세금으로 지원할 수 있다고 규정하고 있다. 한국 정당들은 이 규정에 따라 경상보조금, 각종 선거보조금, 여성추천보조금을 국고에서 받는다. 2012년 1월부터 2017년 6월까지 정당에게 보조된 금액은 약 4,218억 1천 만 원이다. 1년 평균 648억 9천 만 원이 보조되고 있다. 물론 국회에서 다수 의원을 보유하고 있는 정당이 보다 많은 보조금을 받는다. 2017년 1월부터 6월까지, 더불어민주당은 약 185억 5천 만 원,

자유한국당은 180억 9천 만 원, 국민의당은 129억 9천 만 원, 바른정당은 93억 9천 만 원, 그리고 소수 정당인 정의당과 새누리당은 약 41억 원 이하의 보조금을 받았다.

국고보조금은 지출되어야 할 항목이 지정되어 있는 경우가 많아서, 아주 자유롭게 쓸 수 있는 것은 아니다. 하지만 이렇게 지원된 국고보조금은 정당 운영에 사용된다. 정당이 지원을 받는 국고보조금은 인건비, 사무용 비품 및 소모품, 사무소 설치 · 운영비, 공공요금, 정책개발, 당원 교육훈련, 조직 활동, 선전, 선거 활동 등으로 사용할 수 있다. 이 과정에서 '공유지의 비극'이 발생하고는 한다. 국고보조금 정책은 '민'의 일상생활에도 산재해 있다. 먼저 먹는 사람의 돈이라는 생각만이 지배한다고 해도 과언이 아니다.

*세금이 왜 '공유지의 비극' 때문에 탕진되어야 하나? 세금을 보조금 방식으로 나누어 먹은 권력의 작품이 아닌가?*

한국의 정당 국고보조금 제도는 전두환 전 대통령이 자신의 정치 자금을 확보하는 전략이었다. 또한 1980년 광주학살을 문제시 하는 정치 세력을 포섭하는 전략과 긴밀한 상관관계가 있었다. 1980년 12월 31일 신군부가 주도하던 국가보위입법위원회는 정치자금법 제3차 개정 과정에서 정당 국고보조금 제도를 일방적으로 만들었다. 이는 신군부 세력이 향후에 건설할 정당의 정치 자금을 확보하는 법적 근거로 작용하였다. 신군부 세력은 자신에게 상대적으로 호의적인 여타 정치 세력들을 포섭하기 위한 수단으로 사용하였다.

이처럼 정당 국고보조금 제도는 1980년 12월 당시, 12·12 쿠데타 세력들이 입법의 주체인 국회를 해산시키고 법률 개정의 권한조차 없는 상태에서 만들었다. 참으로 위헌이었던 제도가 지금은 모든 정당이 침묵으로 일관하고 있는 합헌적 제도이다.

## 9장

공무 노동

제한과 차별

# 공무원 노동자의 권리

공무원은 공무 담당자인가 아니면 노동자인가?

어느 한 가지로 규정하기 어렵다. 요즘같이 청년들에게 일자리가 보장되지 않는 시대가 계속되고 있고, 공무원으로 취업하기가 하늘에서 별을 따기보다 어려운 조건에서, 사람들이 공공 서비스 노동을 노동자의 관점으로 보지 않을 것이다. 그렇지만 공무원은 직접 또는 간접으로 국민에 의해 선발되고 국가나 공공 단체의 공무를 담당하면서 국민들에게 공공 서비스를 제공한다.

공무원 노동자들의 노동3권이 제한되는 근거이기도 하다. 세계 헌법들도 공무원 노동자들의 노동3권을 인정하면서도 다양한 방식으로 제한하고 있다. 한국 헌법도 공무원 노동자들의 노동 권리를 부분적으로는 인정하고 부분적으로는 제약하고 있다. 하지만 공무원 노동자들은 노동3권의 보장과 정치 활동의 자유를 주장하면서 공직 사회와 관료제를 실제로 개혁하는 주체로 나서고 있다.

'민'은 자신의 권리를 위해서라도 공무원 노동자들의 이러한 활동을 더 지지하고 응원해야 하는 것 아닌가?

공무원 노동자들은 정치적 중립이라는 굴레에서 벗어나지 못하고 있다. 헌법의 규정 때문이다. 그런데 풀리지 않는 의문이 있다. 정치적 의사를 표시하지 않거나 정치 활동을 하지 않는 것이 정치적 중립인가?

'공무원 노동자'가 집행하는 정책들이 행정 권력을 획득한 정치 세력의 이념과 가치를 반영하고 있는데, 정치적이지 않은 정책이 존재할 수 있다는 말인가. 정치 활동을 특정 정당에 대한 지원과 지지만으로 협소화시키고 있는 헌법의 무지가 아닐까 생각한다.

권력이 정치인데 권력을 집행하는 공무원 노동자들의 중립이 진짜일까? 대통령이 소속 정당을 탈퇴했다고 해서 정치적 중립을 유지하나?

자신의 사상과 의견은 누구나가 가지고 있고 그것을 자유롭게 표현할 수 있어야 한다. 소통과 공감의 필요성을 말하면서 표현의 자유를 억제하는 논리의 궁박함에 빠져서야 되겠는가. '표현하는 데 있어서 차별을 금지'하는 것이 민주주의의 본령을 찾아가는 지름길이 아니겠는가.

# 공무 담당자 VS 공무원 노동자

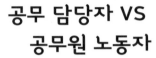

## 공무 노동의 양날개

공무원은 직접 또는 간접으로 국민에 의해 선발되고 국가나 공공 단체의 공무를 담당하면서 국민들에게 공공 서비스를 제공한다. 공무원이 노동의 이중적인 속성을 보유하는 이유이다. 하나는 국가의 권력을 집행하면서 '민'을 통치한다. 관료제 시스템과 함께하는 고위급 관료들을 권력 엘리트로 여기는 이유이다. 다른 하나는 헌법의 규정에 따라 양질의 공공 서비스 재화를 공급한다. 주로 국가 행정의 정책을 실제로 집행하는 하위 직급 공무원 노동자들의 역할이다. 세계 어느 나라 공무원이든 이 두 가지 속성을 가지고 있다.

한국 헌법재판소는 2005년 10월 27일, 지방공무원법 제58조

제1항에 대한 헌법소원 사건에 대해 다음과 같이 판결하였다. "공무원이란 직접 또는 간접적으로 국민에 의하여 선출 또는 임용되어 국가나 공공 단체와 공법상의 근무 관계를 맺고 공공적 업무를 담당하고 있는 사람들을 가리킨다고 할 수 있고, 공무원도 각종 노무의 대가로 얻는 수입에 의존하여 생활하는 사람이라는 점에서는 통상적인 의미의 노동자적인 성격을 지니고 있으므로, 헌법 제33조 제2항 역시 공무원의 노동자적 성격을 인정하는 것을 전제로 규정하고 있다." 공무원의 노동을 노동자의 측면에서 판결한 것이다.

공무원의 노동이 담고 있는 공공성의 성격도 헌법재판소가 판결하였다. "헌법 제33조 제2항에서 근로기본권에 관하여 공무원에 대한 특별 규정을 두고 있는데, 우리 헌법이 이와 같은 규정을 두게 된 뜻은 공무원 지위의 특수성과 직무의 공공성에서 비롯되는 것이라고 밝히고 있다."(헌재, 2005. 10. 27. 2003 헌바 50 전원재판부) 이러한 판결은 공무원의 노동을 공무 담당자로 인식하게 할 수 있다. 그렇지만 헌법재판소는 헌법 제33조 제2항의 근거를 들어 공무원이 노동3권의 주체라는 점을 분명히 하고 있다.

*그럼 공무원은 공무 담당자인가, 노동자인가?*

어느 한 가지로 규정하기 어렵다. 요즘같이 청년들에게 일자리가 보장되지 않는 시대가 계속되고 있고, 공무원으로 취업하기가 하늘에서 별을 따기보다 어려운 조건에서, 사람들이 공공 서비스 노동을 노동자의 관점으로 보지 않을 것이다. 그렇지만 공무원은 직접 또는 간접으로 국민에 의해 선발되고 국가나 공공 단체의 공무를 담당하면서 국민들에게 공공 서비스를 제공한다. 권력의 공간에서 공공 서비스 노동을 하는 사람들이다. 두 가지의 성격을 동시에 가졌다. 그것을 분리해 보라는 것은 무리인 것 같아서 그 성격을 동시에 드러나게 할 수 있는 방법을 생각하였다. '공무원 노동자'로 부르는 것이 정답이 아닐까 생각한다. 공무원 노동자들은 공무원이 지녀야 할 권리와 의무, 노동자가 보유해야 할 권리와 의무를 동시에 짊어지고 있는 주체인 것이다.

공무 담당자든 노동자든, 공무원 노동자는 권력의 공간에서 공공 서비스 재화를 만들어 '민'에게 제공한다. 그 과정이 민주적이어야 하는 것은 헌법 가치이다. 헌법재판소가 위헌 정당을 심판하고 대통령 탄핵을 인용하면서 내세운 두 가지의 가치를 상기하는 것이다. '자유민주주의 기본 질서'와 '민주주의의 원리'는 '민'의 권리를 실현하는 공간인 권력의 내부 시스템에도 적용되어야 한다는 원칙이다.

## 세계 헌법이 보장하는 공무원 노동자 권리

| 국가 | 공무원 노동자의 권리 |
|---|---|
| 그리스 | 노동조합은 파업권 보유. 다만 사법 기관과 보안 군대에 종사하는 노동자들의 파업은 금지. 공무원의 파업권은 특별법으로 제한(제23조 2항 2). |
| 남아공 | 모든 노동자에게 보장하는 파업권을 공무원도 보유(제23조 2항). |
| 독일 | 직업공무원제의 전통적 원칙에 근거(제33조 5항). |
| 스페인 | 법률은 국방군 또는 군사적 규율에 복종하는 기타 단체에 대하여 이 권리의 행사를 제한하거나 배제 가능. 특수한 경우에 공무원의 권리 행사 규제(제28조 1항). |
| 프랑스 | 국가의 일반 공무원 및 군 공무원의 신분 보장(제34조 2항). 노동권과 노동조합원을 법률로 위임(교섭권과 행동권 인정)(34조 3항). |
| 필리핀 | 모든 노동자들에게 노동조합 결성권, 집회 및 결사의 자유 보장 (제3장 제8조). |

세계 헌법은 대부분 공무원 노동자에게 노동3권을 인정하면서도 공무원 노동자의 공공적 특수성을 감안하여 법률로 그 권리를 제약하고 있다. 이번 헌법 전쟁에 참여하지 않은 나라이지만, 스웨덴과 영국의 공무원 노동자들은 단체행동권까지 포함된 노동3권을 행사한다. 그러나 스페인과 그리스의 경우처럼, 군대에서 일하고 있는 공무원 노동자들의 권리는 규제되고 있다. 하지만 그리스와 남아공과 프랑스, 필리핀의 일반직(중앙, 지방) 공무

원 노동자들은 노동3권 중에서 단체행동권까지 보장받고 있다. 그러나 한국 헌법은 공무원 노동자들의 노동 권리를 부분적으로는 인정하고 부분적으로는 제약하고 있다.

| 제헌헌법 | 유신헌법 | 1987년 개정헌법 |
|---|---|---|
| 없음. | 공무원의 단결권, 단체교섭권, 단체행동권 부정(제29조 2항). 국민경제에 중대한 영향을 미치는 사업체에 종사하는 공무원이나 국·공영 사업체 근로자의 단체행동권은 법률로 제한(제29조 3항). | 공무원의 단결권, 단체교섭권, 단체행동권을 제한적으로 인정(제33조 2항). |

제헌헌법에는 공무원 노동자의 노동 권리와 관련된 규정이 존재하지 않았다. 그러나 제헌헌법 제18조는 "근로자의 단결, 단체교섭과 단체행동의 자유는 법률의 범위 내에서 보장된다."고 규정한 이상, 공무원 노동자들의 노동 권리는 이 규정에 준해서 적용하는 것이 맞다. 그런데 유신헌법은 공무원 노동자와 공공 부문 노동자들의 노동3권을 헌법으로 부정하거나 제한하였다. 제한적인 수준이라 하더라도 공무원 노동자의 노동 권리가 인정되기 시작한 것은 1987년 개정헌법에서다.

제헌헌법 제27조는 공무 담당자의 공공적 역할을 우회적으로 규정하고 있다. "공무원은 주권을 가진 국민의 수임자이며 언제든지 국민에 대하여 책임을 진다. 국민은 불법 행위를 한 공무원의 파면을 청원할 권리가 있다."(제헌헌법 제27조) 프랑스의 「1789년 인간과 시민의 권리선언」 제15조의 정신과 맞닿아 있는 규정이다. "사회는 모든 공무원에게 책임을 물을 수 있는 권리를 갖는다. '민'의 권리를 대신하면서 감당해야만 할 책임과 의무이다."

1987년 개정헌법도 공무원 노동자들에게 국민에 대한 책임과 의무를 규정하고 있다. "공무원은 국민 전체에 대한 봉사자이며, 국민에 대하여 책임을 진다."(헌법 제7조 1항) 이러한 책임은 국가공무원법 제1조(목적)도 밝히고 있다. "각급 기관에서 근무하는 모든 국가공무원에게…… 국민 전체의 봉사자로서 행정의 민주적이며 능률적인 운영을 기하게 하는 것을 목적으로 한다." 공무원 노동자들은 이런 책임과 의무를 다하기 위해 노동조합을 결성하여 활동하고 있다. 공무원 노조가 국가의 행정에 적극적으로 참여하여 공직 사회 개혁을 주도하고 있다. 상당히 구체적인 과제로 제시되어 있다.

전국공무원노동조합이 제시한 '노동자 · 민중의 행정'을 위한 과제이다. "공직 사회 개혁과 부정부패를 제거, 국가의 행정 공공성을 강화, 공무원 노동자들의 윤리 강령을 제정, 주요 부서장 인사 문제와 관련하여 노사 협의 및 인사청문회 실시, 자치단체 간 인사 교류 제도의 개선 등이다." 그 효과는 공직 사회를 맑고 투명하게 변화 · 개혁시키는 원동력으로 작용한다.

공무원 노동자는 권리자들이 낸 세금을 잘 운영할 의무가 있다. 이 말은 '민'이 공무원 노동자들의 의무를 감시하고 통제할 권리가 있다는 것과 같다. 만약 먹고 사는 것이 바빠서 그 권리를 실제로 행사하기 어렵다면, 그 일을 대신하겠다고 나서는 전국공무원노동조합에게 박수와 지지라도 보내야 하지 않을까.

권력형 부정부패의 지수가 세계적 수준이라는 자조 섞인 쓴웃음을 짓고 마는 것이 아니라, 원래 그러려고 권력을 잡고자 한다는 비웃음과 손가락질을 하며 고개를 돌리는 것이 아니라, 자신의 권리를 사랑하는 당당함이 자존감의 격을 높여주지 않을까 상상한다.

# 정치적 중립 VS 정치적 자유

## 존재하지 않는 정치적 중립

국가의 행정은 공공 정책을 수립·집행하는 핵심 기관이다. 협소한 의미에서 행정과 국가를 동일시하는 이유이다. 주로 '민'의 삶과 실제로 연계되는 정책이 집행된다. 그런데 어떤 이유 때문인지 명확하지 않지만, 공무 담당자든 공무원이든 정치적 참여권의 제약을 받고 있다. 행정을 집행하는 행위가 정치적으로 중립적이어야 한다는 헌법 규정이 그 원인일 것이다.

그런데 사람들이 오해하고 살아가는 것 중 하나가 '중립'이다. '공무원 노동자'가 집행하는 정책들이 행정 권력을 획득한 정치 세력의 이념과 가치를 반영한다. 정치적이지 않은 정책이란 존재하지 않는다. 이 사실을 전제로 할 때, 공무원 노동자의 노동 자체가 정치적이다. 공무원 노동자의 정치적 중립은 '중립이 아니라 행정 권력을 장악한 세력의 입장에만 서 있으라는 강요'가 아닐까 상상한다.

*권력이 정치인데 권력을 집행하는 공무원 노동자들의 중립이 진짜일까? 대통령이 소속 정당을 탈퇴했다고 해서 정치적 중립을 유지하나?*

OECD 국가 중 공무원의 정치 자유가 전면적으로 제한되어 있는 유일한 국가는 한국이다. 1978년 ILO는 공무원의 시민적, 정치적 활동의 권리를 규약으로 채택하였다. "공무에 있어 단결권의 보호 및 고용 조건의 결정을 위한 절차에 관한 제151호 규약"이다. 이 규약 제9조는 다음과 같은 내용이다. "공무원은 시민적 정치적 권리를 향유하며 이러한 정치적 권리는 결사의 자유의 정상적인 행사에 필수 불가결한 요소이다."

그러면 고위 공무원들은 헌법을 위반해도 되는 것인가? 대통령이 임명했기 때문에 정치적 중립을 지키지 않아도 된다는 헌법 규정은 존재하지 않는다. 헌법 가치는 평등이라는 민주주의의 근본과 자유민주주의의 기본 질서이다. 국가공무원법에서 예외 규정으로 정하고 있지만, 행정부를 수반하고 있고, 입법부의 법률까지 거부권을 행사할 수 있는 대통령은 정당으로부터 초월적인 존재가 아니다. 각종의 전문적 법안을 제출하고 있는 행정부의 장관들도 마찬가지다. 대통령이 임명한 공무원이다. 이들은 정치적 중립을 지키지 않아도 되고 하위직 공무원들만 정치적 중립을 지키라는 것은 '평등'의 가치를 훼손하는 것이다.

'정치적 중립'을 규정하고 있는 헌법 조항은 또한 사상보다 더 포괄적인 '양심의 자유'에 배치된다. 실제로 사상의 자유, 표현의 자유, 신념의 자유도 규제받는다. 정치적 중립은 공무원 노동자들의 자유를 규제하는 것이다. 헌법은 자기 모순에서 빠져나와야 한다. '공무원의 정치적 중립'은 그저 정치적으로 민감한 사안에 대해 말하지 않거나, 판단하지 않는 것으로 이해한다 하더라도, 이 헌법 규정은 실질적으로 공무원 노동자가 정치적 판단 능력을 상실한 무뇌인으로 변하게 되고, 영혼이 없는 공무 담당자로 남게 하는 지배 세력의 전략이었다고 상상한다.


## 정치적 참정권을 제한하는 세계 헌법

권력이 권리에서 나온다. 헌법이 이 원리를 최고의 가치로 삼고 있다. 그러면 권리는 어떤 방식으로 권력을 만들까. 가장 보편적인 것은 권력에게 위임장을 건네주는 선거이고, 정당과 함께하는 정치 활동이다. 사람들이 정당에 소속되어 정치 활동을 하거나 선거에 후보로 나서기도 하고 투표를 하는 정치적 참정의 권리를 행사한다. 그러나 모든 사람이 이 권리를 갖는 것은 아니다. 직장이나 연령에 따라 규제된다. 성년이 되지 못한 청소년도 그렇고, 공무원 노동자들도 해당한다. 한국의 경우, 만 19세가 되어야만 투표권을 행사할 수 있는 세계 몇몇 나라에 속한다. 또한 투표권을 행사할 연령이 되더라도 후보자로 나설 수 있는 권리가 일정한 연령에 이를 때까지 제한되어 있다.

| 국가 | 공무원의 정치적 참정권 |
| --- | --- |
| 그리스 | 공무원은 원칙적으로 정당을 지지하거나 반대하는 선언을 하지 못한다(제29조 3항). |
| 남아공 | 모든 사람은(공무원 포함) 참정권을 보유, 정당 참여 및 정당 지지 활동(제19조 1항, 2항). |
| 독일 | 선거법은 국가의 고급공무원이 의원으로 선출될 수 없도록 규정(제70조 1항), 공무원, 공직근무 직원, 직업군인, 기한부 지원병 그리고 연방, 지방 및 지역구에서 근무할 법관 등의 피선거권은 법률로 제한할 수 있음(제137조 1항). |
| 스페인 | 법률은 공무원의 규칙, 실력 및 능력의 원칙에 따른 공직의 수행, 조합참여권의 특수성, 겸직 금지의 제도 및 직무 집행 중의 정치적 중립의 보장에 대해서 규율(제103조 3항). |

물론 세계 헌법 중에는 공무원 노동자의 정치적 참정권을 규제하기도 한다. 대표적인 나라가 헌법 전쟁에 참여한 그리스, 독일, 스페인이다. 하지만 이들 나라의 헌법에는 정치적인 중립의 태도

를 가져야 할 대상이 명시되어 있다. 그런데 그 이외 나라의 헌법은 공무원 노동자의 정치적 참정권을 규제하는 헌법 조항이 따로 있지 않다. 물론 법률을 보거나 각 주의 헌법까지 말하는 것이 아니라는 점을 전제로 하는 말이다.

그리스 공무원 노동자들은 정당을 지지하거나 반대하지 못한다. 일반적이고 포괄적으로 규제하고 있다고 보아야 한다. 스페인의 공무원 노동자들은 공직을 수행하면서 중립적인 태도를 유지해야 하고, 겸직 금지라는 규제를 받는다. 독일 헌법은 공무원의 피선거권을 제약하고 있다. 남아공 헌법만이 특수하다고 볼수 있다. 남아공 헌법은 공무원 노동자들을 포함해서 모든 사람에게 참정권을 인정하고, 정치 활동의 자유를 보장한다.

한국 공무원 노동자들에게 정치적 참여 활동을 보장하지 않는 이유는 무엇일까?

하지만 한국 헌법은 유신헌법부터 정치적 중립성을 보장한다는 규정(유신헌법, 제6조 2항; 87년 개정헌법, 제7조 2항)을 내세워 공무원 노동자들에게 정치적 참여 활동의 권리를 보장하지 않고 있다.

| 제헌헌법 | 유신헌법 | 1987년 개정헌법 |
|---|---|---|
| 공무원은 주권을 가진 국민의 수임자이며 언제든지 국민에 대하여 책임을 진다. 국민은 불법 행위를 한 공무원의 파면을 청원할 권리가 있다(제27조). | 공무원은 국민 전체에 대한 봉사자이며, 국민에 대하여 책임을 진다(제6조 1항). 공무원의 신분과 정치적 중립성은 법률이 정하는 바에 의하여 보장된다(제6조 2항). | 공무원은 국민 전체에 대한 봉사자이며, 국민에 대하여 책임을 진다(제7조 1항). 공무원의 신분과 정치적 중립성은 법률이 정하는 바에 의하여 보장된다(제7조 2항). |

1961년 5·16 군부쿠데타를 일으킨 세력들은 국회를 해산하고 국가재건최고회의가 입법권을 행사하게 하였다. 국가재건최고회의는 1961년 9월 18일 국가공무원법 제37조를 개정하였다. "공무원은 정치 운동에 참여하지 못하며, 노동 운동 기타 공무 이외의 일을 위한 집단적 행동을 하여서는 아니 된다."라고 하였다. 이후에 개정되는 과정을 거쳤지만, 태생은 위헌이다. 정당에 대한 국고보조금 규정과 마찬가지로, 권력은 위헌 조항에 대해 알고도 모른 척하는지, 아니면 정말 모르는지 궁금하다.

헌법재판소는 공무원 노동자가 공공과 개인의 성격을 동시에 가지고 있다고 하면서, 개인의 성격에 맞는 정치적 참정권을 인정하였다. "공무원이 그 지위를 이용하지 않고 사적인 지위에서 선거 운동의 기획 행위를 하는 것까지 금지하는 것은 평등권을 침해한다. 기본적 인권의 주체이자 공무원들의 정치적 의사표현

의 자유를 평등하게 누려야 한다."(헌법재판소 2008. 5. 29. 선고 2006 헌마1096 결정)

헌법재판소는 민주주의의 가치가 수호되어야 한다는 결정을 수시로 한다. 모순된 심판의 틀을 깨는 것도 헌법의 가치가 아닐까 상상해 본다. 헌법재판소는 1998년 4월 30일 「시민적·정치적 권리에 관한 국제규약」 및 우리 「헌법」이 보장하고 있는 표현의 자유를 다음과 같이 판결하였다(헌법재판소 1998. 4. 30. 선고 95헌가16 결정). "표현의 자유는 민주 체제에 있어서 불가결의 본질적 요소이며, 사회 구성원이 자신의 사상과 의견을 자유롭게 표현할 수 있다는 것이야말로 모든 민주사회의 기초이며, 사상의 자유로운 교환을 위한 열린 공간이 확보되지 않는다면 민주 정치는 결코 기대할 수 없다."

자신의 사상과 의견은 누구나가 가지고 있고 그것을 자유롭게 표현할 수 있다. 소통과 공감의 필요성을 말하면서 표현의 자유를 억제하는 논리의 궁박함에 빠져서야 되겠는가. 헌법재판소가 표현의 자유를 민주 사회와 민주 정치의 기초로 결정한 이유를 상상해 본다. '표현하는 데 있어서 차별을 금지'하는 것이 민주주의의 본령을 찾아가는 지름길이 아니겠는가.

## 10장

생 명 평 화

지속가능한 딜레마

# 전쟁과 평화

 

올림픽 정신이 평화라는 사실을 누가 부정하겠는가. 2018년 동계 올림픽은 그 정신에 부합하는 성과를 냈다. 한반도의 전쟁과 화약고로 작용했던 북미 관계와 남북 관계의 평화를 위한 회담의 자리까지 만들었으니 말이다.

그런데 평화의 반의어를 전쟁으로만 이해하고 있나? 전쟁이 폭력의 극단적인 현상임에 틀림없지만, 전쟁이 아니라도 평화롭지 못한 현상은 즐비하다. 생활고나 학교 성적 때문에 자살하거나, 권리의 차별에서 발생하는 각종의 갈등 등도 평화롭지 못한 사회적 현상이다.

헌법 전쟁은 폭력의 대표적 현상인 전쟁의 이면도 들여다본다. 전쟁이 결핍과 약탈과 파괴와 풍요가 복잡하게 단층을 이루고 있으며, 또 다른 풍요를 이끌어 낸다는 점도 말하면서, 동시에 전쟁과 다른 형태의 폭력도 놓치지 않는다. 대표적인 것이 사형제에 대한 헌법의 규정이다. 세계 헌법들은 모두 사형제와 비인간적 형벌을 금지하고 있는 데 반해, 한국 헌법에는 그와 관련된 규정이 없다. 사형제 폐지에 대한 논쟁이 촉발되기 바라는 심정이다.

전쟁만이 약탈하는 것이 아니다. 개발과 발전도 자연에 대한 약탈을 전제로 한다. 물론 지속가능한 발전을 추구하면서 환경 헌장 또는 환경 보전의 의무까지 헌법이 규정하고 있지만, 편리함의 딜레마에 빠진 인간의 본성적 권리와 자연에 대한 폭력의 관계가 어떻게 조화를 이루어낼지, 지속개발과 지속가능의 딜레마를 극복하는 것이 관건일 것이다.

하지만 인간은 생활환경의 개선을 위한 본성적 욕망과 약탈적 욕망이 서로 '도토리 키재기' 하기를 멈추지 않을 것이다. 사회적 차원의 발전과 개발을 포기하지 못하는 어려움이다. 그런데 국가가 사람들에게 안전하고 편안하며 행복한 생활을 보장해야 한다는 전제에서 볼 때, 분배가 공평하지 않거나 빈부의 격차가 공정하게 해소되지 않는 한, '민'의 생활은 경쟁과 갈등의 늪에서 쉽게 빠져나오지 못하고, 불편함과 불행을 스스로 감수해야 하는 몫으로 남지 않겠는가?

# 약탈 전쟁 VS 공존 평화

## 불안한 평화의 시대

인류 역사는 탐욕을 위한 전쟁의 역사다. 사람을 죽이고 다치게 하는 인간의 폭력 중에서 가장 극단적인 형태이다. 전쟁이 발생하는 순간부터 사람의 생명은 존중받아야 한다는 본성적 가치를 상실한다. 전쟁의 승패를 위한 도구로 전락하는 것이다. 대표적인 사례만 들어도 알 수 있는 사실이 아닐까. 제1차, 제2차 세계대전으로 약 8천만 명의 생명이, 한 국가 내에서 벌어진 내전의 대표적 사례인 중국 태평천국의 난(1850-1864년)으로 약 3천만 명에서 5천만 명(추정)의 생명이 사라졌다. 한국의 임진왜란으로 약 230만 명(추정)과 한국전쟁으로 약 500만 명의 생명이 한반도에 묻혔다. 역사 속에 박제되어 있는 모든 전쟁은 생명을 담보로 역사의 자리를 차지하고 있는 것이다. 물론 전쟁이 아니어도 생명을 강제로 앗아가는 폭력의 형태는 다양하지만, 거대한 자연재해를 제외하고 전쟁만큼 단기간에 생명을 없애는 경우는 없다. 아마도 호르크하이머가 1947년에 전쟁을 '이성의 소멸'이라고 한 이유일 것이라고 생각한다.

*대체 전쟁의 원인은 무엇일까?*

조금 복합적이면서도 원초적으로 접근하자. 그것은 '결핍과 약탈과 파괴와 풍요'가 복잡하게 단층을 이루고 있는 단애(斷崖)라고 생각한다. 보통 해안가의 깎아내린 듯한 낭떠러지가 단애인데, 이곳에는 수만 년의 시간을 머금은 여러 단층들이 있다. 서로 다른 퇴적층들이 켜켜이 얽히고설켜 있다. 전쟁이 갑자기 발생하는 것이 아니지만, 전쟁의 결과는 패자에게 생명이나 삶터의 단절을 가져온다.

질병이나 삶터의 붕괴에 따른 결핍을 극복하기 위해 시작된 약탈적 전쟁이 승자에게는 풍요를 패자에게는 파괴를 가져다주는 본능적 악순환이 이루어지다가, 또 다른 풍요를 위해 약탈과 파괴로 결핍을 만들어내는 폭력적 악순환이 만들어졌다. 제러드 다이아몬드(J. Diamond)는 전쟁의 본능적 악순환을 잘 설명하고 있다. "원시적 종족 간의 정복과 살상은 먹고 살아가는 삶터가 위기에 처할 때마다 발생했다. 위기의 주요 원인은 기근과 질병이었다."* 그런데 전쟁의 폭력적 악순환은 물리력을 동원하지 않고 벌였던 폭력이다. 21세기가 시작된 지 벌써 19년 가까이 되는데도, 배고픔과 오염된 물과 전염병으로 사망하는 5세 미만의 아이들이 1년에 1천 만 명 이상이다.

2차 세계대전 이후 세계적인 수준의 전쟁은 사라졌지만 국지적인 전쟁이나 물리력을 동원하지 않고 단지 평화의 가면을 쓴 전쟁이 지속되고 있다. 부의 극단적인 불평등이 수많은 삶을 파괴하고 있다. 정치적으로 '불안한 평화의 시대'가 생명을 앗아가고 있다. 그래서 클라우제비츠는 『전쟁론』에서 전쟁의 원천적인 동기를 정치적 목적, 특히 문명 국가의 전쟁은 반드시 물리적 수단을 동원하는 정치적 행위에서 연원하는 것으로 바라본 것일까.**

## 모두 평화를 말하는 세계 헌법

UN헌장 제55조와 56조는 전쟁에 대한 개별 국가의 자위권과 집단안전보장체제의 자위권을 보장하고 있다. 그 출발은 평화와

---

* 제러드 다이아몬드, 김진준 옮김, 『총균쇠』, 문학사상사, 2005, 109-110쪽.
** 카를 폰 클라우제비츠, 류제승 옮김, 『전쟁론』, 책세상, 1998, 43-53쪽.

생명에 대한 가치였다. 세계 헌법들도 평화 추구, 전쟁 금지, 사형제 폐지 등과 같은 규정으로 그 가치를 반영하고 있다.

| 국가 | 평화 | 사형제 |
|---|---|---|
| 그리스 | 평화와 정의 추구(제2조 2항). | 전시 상황을 예외로, 사형제 불허(제7조 3항). |
| 남아공 | 단결과 통일의 기반인 평화(제41조 1항, 185조 1항). | 고문 금지, 비인간적이고 굴욕적 형벌 금지, 사형 금지(제12조). |
| 독일 | 상호집단안전보장체제 가입(제24조 2항). 평화적 공존, 특히 침략 전쟁의 행위는 위헌(제26조 1항). | 사형의 폐지(제102조). |
| 미국 | 연방(Union)을 형성하고, 정의 확립(전문). | 전시 상황을 예외로, 대배심의 고발 또는 기소가 아닌 한 사형제 불허(수정 제5조). |
| 스페인 | 평화적인 관계 및 협력에 이바지(전문). | 고문, 비인도적 혹은 굴욕적 형벌의 금지(제15조). 전시 상황을 제외하고, 사형 폐지(제15조). |
| 프랑스 | 자유, 평등, 박애를 공동 이념에 기초해 공화국 운영(전문). | 사형제 폐지(제66-1조). |
| 일본 | 항구적인 평화 추구(전문). 전쟁과 무력행사의 포기(제9조 1항). 육해공군 기타의 전력 미보유 및 국가의 교전권 불허(제9조 2항). | 공무원에 의한 고문 및 잔혹한 형벌 금지(제36조). |

| 필리핀 | 평화 정책 추구(제2장. 제2조). 국내법과 같은 효력을 가지는 국제법의 규정대로 평화정책 추구(제5장. 제21조). | 어떠한 경우라도 사형 금지 (제3장 제19조 1항). |
|---|---|---|
| 한국 | 항구적인 세계평화와 인류공영에 이바지(전문). 국제평화의 유지에 노력하고 침략적 전쟁을 부인(제5조 1항). | 규정 없음. |

모든 나라가 평화를 말한다. 평화를 규정하지 않는 헌법은 존재하지 않는다고 보아야 한다. 독일과 일본은 가장 적극적으로 전쟁을 포기하였다. 물론 전쟁에 준하는 유사전쟁까지 하지 않겠다는 의미는 아니다. 그렇지만 대부분의 국가는 침략 전쟁을 부인하거나 인류 평화를 추구하겠다고 한다. 심지어 독일과 스페인은 인권과 평화의 연관성을 규정하였다. 다른 국가들에 비해 아주 구체적이라고 할 수 있다. "인권을 세계의 모든 인간 공동체와 평화 및 정의의 기초로서 인정"(독일 헌법, 제1장 제1조 2항)하고 "인간의 권리와 자유에 대한 존중을 사회 평화의 기본"(스페인 헌법, 제10조 1항)으로 제시한다.

*UN 평화유지군의 전쟁은 전쟁이 아닌가?*

2차 세계대전 이후 국지적 전쟁을 가장 많이 일으킨 미국도 정의와 평화를 말한다. UN의 평화유지군도 국제적인 분쟁을 해결하기 위해 평화부대의 자격으로 전쟁에 참여한다. 테러 집단을 대상으로 하는 전쟁이 주를 이룬다. 누구는 이러한 전쟁을 '더러운 전쟁'이라고 하고, 또 누구는 그것이야말로 평화를 위한 '정의의 전쟁'이라고 한다. 어떤 전쟁이든 살상과 폭력과 파괴를 동반한다. 그 어떤 것으로도 포장되는 않는 끔찍한 현실만이 전쟁의 형상일 뿐이다.

전쟁처럼 사람이 사람을 죽이는 사형 제도도 끔찍하기 이를 데 없다. 그래서 세계 헌법은 대부분 사형제나 고문, 굴욕적 형벌조차 폐지하거나 헌법 권력으로 불허하고 있다. 사법 권력이라 하더라도 인륜적 가치까지 침해할 수 없다는 것이다. 평화의 최고 가치인 생명을 인권의 기본적 권리로 인정해서 그럴 것이라고 상상한다. 그런데 한국처럼 사형 제도를 유지하고 있는 나라도 많다.

*사법 권력이 사형을 언도하는 것은 다른 차원의 범죄 행위가 아닌가?*

물론 극악한 범죄의 피해를 당한 사람들은 그런 범죄자에게는 보편적 권리를 인정하지 않아야 한다고 하면서 즉각 반론을 펴지 않겠는가. 다시는 개인의 한풀이를 넘어서서 유사한 범죄가 발생하지 않아야 한다는 예방의 이야기도 함께 한다. 틀린 생각이 아니다. 하지만 우리는 종신 징역 제도를 상상할 필요가 있다. 교도

소를 운영하는 데 필요한 공공 예산을 전제로, 징역 100년 이상
으로 판결하면 되지 않을까 상상한다.

소소한 일상에서 범죄와 폭력은 많이 발생한다. 당한 사람들은
안전과 행복을 순식간에 빼앗긴다. 그래서 범죄와 폭력이야말로
인간다운 삶을 위해 없어져야 할 것들 중에 대표적인 것이라고
여긴다. 이 지점에서 드는 생각이 있다. 인류가 태어난 순간부터
그것을 예방하고 방지하려 했을 텐데, 왜 사라지지 않는 것일까?
우리는 왜 범죄와 관련된 국가적 차원의 책임과 의무를 모르쇠하
고 범죄자에게만 화살을 돌리는 것일까?

여기저기에 평화롭지 않은 상태가 많다. 최소한의 생활이라는
인간적 욕망 때문에 발생하는 범죄와 폭력도 비일비재하다. 인
간의 본성적 욕망을 약탈하는 범죄와 폭력이다. 헌법은 이 문제
를 어떻게 규정해야 하는 것인가. 예방하고 방지하는 것이 권력
의 기본적 의무가 아닐까 생각한다. 인간의 보편적 가치와 평화
를 내세우면서 전쟁이라니? 평화와 전쟁이 안고 있는 헌법의 자
기 모순이다.

# 지속개발 VS
# 지속가능

## 편리함의 딜레마에 빠진 인간

원초적 자연 상태는 인간과 자연의 균형을 유지한다. 인간이 가지고 있는 '자기 생존'과 '자기 보존'의 욕망을 자연이 포용하는 상태이기도 하다. 굶주림이나 다른 욕구들이 자연에서 해소되는 조건이 유지되는 것이다. 그러나 인간은 생존을 위한 공동 생활의 딜레마에 빠진다. 유발 하라리는 『사피엔스』에서 인지 혁명을 다음과 같이 말한다.* 약 7만에서 3만 년 사이에 출현한 새로운 사고방식과 소통방식으로 공동 생활을 변화시켰다는 것이다. 호모사피엔스들이 네안데르탈인과 달리 지구의 주인으로 살아남

---

* 유발 하라리, 조현욱 옮김, 『사피엔스』, 김영사, 2015, 44-65쪽.

게 된 힘을 말한다. 인간의 인지 능력과 언어 능력의 발전으로 공동 생활이 윤택해지고, 생활 조건의 발전으로 그러한 능력이 더욱 발전하는 선순환의 관계가 만들어질수록 인간과 자연의 균형은 균열 상태로 빠져든다. 자연이 인간을 포용할 수 없는 상황이 지속적으로 발생하게 되는 것이다.

세계는 인간이 만든 인간과 자연의 균열 상태로 인해 힘들어하고 있다. 균열 현상은 온실가스 문제, 물의 오염 문제, 땅의 난개발 문제 등이다. 그래서 세계 권력들은 1992년 6월 〈지구정상회의〉에서 환경과 개발의 기본 원칙을 담아낸 선언과 유엔기후변화협약(UN Framework Convention on Climate Change, UNFCCC)을 맺었다. 자연과 더불어 살다가 후손에게 물려주자, 개발과 환경의 조화 추구, 부유한 나라가 가난한 나라의 친환경적 개발을 지원하자 등의 원칙이 수립되었고, 유엔환경개발회의(UNCED)가 기후협약을 체결하였다. 유엔기후변화협약 당사국총회가 계속되는 근거이다. 그래서 당사국들은 2025년 또는 2030년까지 국가별로 온실가스 감축 방안까지 마련하였다. 한국도 2030년 온실가스 배출 전망치 대비 온실가스를 37% 감축하겠다는 목표를 제시하였다. 세계의 공장으로 불리는 중국도 2030년까지 2005년 GDP 대비 온실가스 배출량을 60~65% 감축하겠다고 공표했다. 2100년까지 지구 기온의 상승 폭을 산업화 이전 대비 2℃ 이내로 억제하여, 인간과 자연의 균형 상태를 최소한이라도 복원하자는 인간의 염원이다.

리우환경회의는 지속개발과 지속가능의 조화를 꿈꾸었다. 친환경적 개발이 그 시작인 것 같다. 그러나 루소는 그 조화를 삶의 불편함에서 찾는다.

*불편함에서 벗어나기 위해 개발을 하는 것인데 불편함이라니?*

루소는 불편함을 복원하자는 것이 아니다. 편안함의 함정에서 벗어나자고 한다. 사람이 자연 상태를 벗어나서 살다가 빠지게 되는 '편안함의 딜레마'가 극복될 필요가 있다는 것이다. "사람들은 도구와 인지의 발달로 여가를 즐길 수 있게 되었고, 이러한 여가를 활용해서 편리함을 얻기 시작했다. 그런데 편리함이 습관이 되자, 사람들은 편리함을 누려도 행복하지 않은 반면, 그것을 잃으면 몹시 불행해지게 되었다. 사람들은 종속과 휴식과 생활의 안락에 길들여져 쇠사슬을 끊을 만한 힘도 없으므로, 자기들의 편안함을 유지하기 위해 그 예속 상태를 강화하는 데 동의한다."* 사람들이 편안함의 기억과 현실에 빠져서 자연과 환경에 대한 '권리의 기억상실증'에 걸린다는 것이다.

---

* 장 자크 루소, 주경복 · 고봉만 옮김, 『인간불평등 기원』, 책세상, 2003, 101-102쪽.

## 환경 헌장까지 권력으로 등장한 세계 헌법

자연과 인간의 균형을 무너뜨리는 것은 성장과 개발이다. 산업화의 가치였다. 그런데 세계 헌법들은 사람들에게 '삶의 질과 환경 보전의 권리'까지 말하고 있다.

| 국가 | 환경의 권리 |
|------|------------|
| 그리스 | 자연환경을 보호하는 것은 모든 사람의 권리이자 국가의 의무(제24조 1항).<br>국가는 지속가능한 발전의 원칙들을 다양한 정책에 투영시킬 의무(제24조 1항). |
| 남아공 | 환경은 권리(양질의 삶을 위한, 다음 세대에게 전승하기 위한)(제24조 1항).<br>국가는 권리장전의 환경권을 실현하기 위한 다양한 정책 자료들을 남아공 인권위원회에 제공해야 함(제184조 3항). |
| 독일 | 연방과 주가 언계되는 환경보호(제72조 3항). |
| 스페인 | 국민이 환경을 누릴 권리와 보전의 의무(제45조 1항).<br>자치주의 환경보호 업무 및 기본입법 의무(제148조 1항, 제149조 23항). |
| 프랑스 | 2004년 환경헌장에 규정된 권리와 의무에 대한 애착을 엄숙히 선언(전문). |
| 한국 | 모든 국민은 건강하고 쾌적한 환경에서 생활할 권리 보유(제35조 1항).<br>환경권의 내용과 행사에 관하여는 법률로 위임(제35조 2항). |

세계 헌법은 대부분 환경의 권리와 환경 보전의 의무를 담고

있다. 그런데 국가별로 환경의 권리와 의무를 대하는 차이가 있다. 그리스는 지속가능한 발전의 원칙과 국가 정책이 유기적으로 연계되어야 한다는 것을 규정하였다. 남아공도 그리스와 유사하게 환경과 관련된 국가의 의무를 명시하고 있다. 환경의 권리가 인권이라는 전제에서, 남아공 인권위원회가 국가의 환경 정책을 관리하게 하였다. 프랑스도 특이한 경우이다. 프랑스는 전문에서 2004년 환경 헌장으로 채택한 환경의 권리와 의무를 권력이 잘 이행하도록 하였다. 독일과 스페인도 국가적 차원에서 환경 정책을 통일시켜야 한다는 점을 강조하였다. 그렇지만 환경권의 내용과 형식을 법률로 위임하였다. 한국의 자연환경은 아직까지 헌법적 힘이 아니라 법률적 힘에 머물러 있는 것이다.

그런데 세계 헌법은 여전히 지속개발과 지속가능의 딜레마를 넘지 못하고 있다. 국가의 주요한 역할 중 하나가 안전하고 편안하며 행복한 생활을 보장하는 것이다. 분배가 공평하지 않거나 빈부의 격차가 공정하게 해소되지 않는 한, '민'의 생활은 경쟁과 갈등의 늪에서 쉽게 빠져나오지 못하고, 불편함과 불행을 스스로 감수해야 하는 몫으로 남는다.

자연환경만 환경인가? 사람들의 생활환경도 지속가능한 지구의 실제 주춧돌이 아닌가?

생활은 인간이 가지고 있는 본성적 권리의 수준을 드러낸다. 생활환경은 그 수준을 판단하는 가늠자로 작용한다. 공공 재정이 '민'의 생활 환경을 개선하는 데 역점을 두는 이유이다. 헌법이 규정하는 선언적 권리와 무관하다. 생활환경은 구체적인 권리의 지표이기 때문이다. 우리는 이 지점에서 다시 딜레마에 빠진다. 생활환경의 개선을 위한 본성적 욕망과 약탈적 욕망이 서로 '도토리 키재기' 하기를 멈추지 않는다. 사회적 차원의 발전과 개발을 포기하지 못하는 어려움이다. 그래서 한국 헌법도 대외무역 육성, 자유시장경제의 발전, 국토와 자원의 효율적이고 균형 있는 이용·개발, 국민경제의 성장 등(한국헌법, 제9장 경제, 제119조-제127조)의 규정을 포괄하고 있을 것이라고 상상한다.

# 권력 대 권리: 숨어버린 권리를 찾아서

## 권리의 실체 드러내기

민주주의는 실현되고 끝나는 것이 아니라, 항상 새로운 모습으로 다가와서 권리의 실체성을 구축하고 또 다른 모습으로 나아가는 가치이자 실체임이 맞는 것 같다. 소위 촛불 정권이 들어서고, 개혁적 정책들이 모색되고 있는 권력의 모습들이 그것을 보여주고 있다. 이 과정에서 진보 정치나 계급 정치의 역할이 애매한 상태에서 벗어나지 못하고 있는 것도 사실이다. 하지만 개혁과 진보의 궁지는 민주주의의 또 다른 이정표이기도 하다. 권력의 주인을 실제로 바꾸어 나가는 '민'의 좌표이기도 하다. 여기저기에서 '87년 체제'를 넘어서자는 말들도 많고, '개혁과 적폐 청산'이라는 과제가 제기되는 근거일 것이다.

그렇지만 적지 않게 혼란스럽다. 그동안 무수히 많은 논자들이 말했었던 87년 체제의 의미와 내용들을 다시 짚어보자는 것이 아니라, 너든 나든 87년 체제의 핵심 코드를 어떻게 이해하고 있는지를 알아야 넘어서든지 말든지 할 것이 아닌가. 1987년 6월 항쟁이나 7-9월 노동자 대투쟁으로 말하면 쉽게 알 수 있는데, 굳이 '체제'라는 단어를 덧붙여 개념화하고 의미를 부여해 왔을까? 87년 체제에 대한 개념적 의미를 찾아 헤매는 미로에서 벗어나서 '권력과 권리의 잣대'로 디밀어 보면, 그 열쇳말은 아마도 '민의 권리'일 것이다. 87년 체제의 의미를 이 열쇳말로 찾는다면, '권리의 실체 드러내기'와 '권력의 자기화'를 위한 정치의 체계화라는 측면이 크다. 형식화된 권리를 실질적인 권리로, 의존적인 권리를 주체적인 권리로 재정립하는 과정이다.


## 권리의 힘


사람들은 태어나는 순간부터 맞닥뜨리는 권리를 일상에서 깊이 사유하면서 살지 않는다. 하지만, 그것은 어디에서 유래하는 것이고, 그 힘의 범위와 한계에 대한 기준은 무엇을 가지고 설정할 수 있는 것일까. 한 번쯤은 고민해 볼 의제다. 하지만 그 해답의 실마리조차 잡기가 쉽지 않다. 국가와 사회에 대한 책임과 의무에 대해서는 어릴 때부터 잘 배우고 습득해 왔지만, 권리에 대해서는 그것을 요구하고 나서야 비로소 알게 된다. 사람들은 권리를 잘 모른 채 살아간다. 알고 있는 사람들도 헌법이 규정으로 박제화된 권리에 불과한 경우가 많다. 권리가 자신의 것이라고 하지만, 실제로는 관리되고 통제되는 누군가의 손바닥 안에 불과했던 것이다.

국가의 권력이 시스템 속에 체화된 상태로 존재하면서 권리를 지배하고 관리하는 것을 당연시한다. 그래서 '권리'가 무엇이냐고 질문을 받는 순간, 머리에 맴도는 것은 '선거를 할 권리, 노동을 할 권리, 교육을 받을 권리' 등이지만, 이러한 권리가 자신에게 왜 부여되었는지 고민하는 경우가 드물다. 대부분 헌법이나 법이 보장하고 있는 것을 가지고 왜 그리 고민하느냐는 무사고의 늪으로 빠져들고, 권리에 대한 무지의 상태조차 자랑스럽게 드러내기도 한다.

권리가 그냥 존재하고 있어서 받아들이는 것이 아니라, 받아들여야 할 이유를 권리와 권력과 권한의 관계에서 본다면, '권리'가 사람들과 보다 친숙하게 될 거라는 생각으로 권리가 보유하고 있는 힘을 상상해 보자.

첫째, '권리'란 사람들이 태어나는 순간부터 누릴 수 있는 힘이다. 인간으로 태어났다는 이유만으로 자연스럽게 주어지고, 그 누구도 부정할 수 없는 천부인권적 권리를 의미한다. 자연권으로 이야기하든, 혹은 기본권으로 말하든, 사람이 본성적으로 누려야 할 것들이다. 사람들은 생명과 자유와 재산을 보다 효율적으로 보호하고 유지하기 위해 시민사회를 만들고, 그 사회를 유지하는 데 공동의 권력이 필요한데, 이 과정에서 사람들 개개인이 자신의 힘을 누군가에게 또는 무엇인가에게 위임한다는 계약을 맺는 방식으로 공통의 권력을 형성한다.

둘째, '권리'란 공공의 권력 체계를 만들 수 있는 힘이다. 민주공화정을 선포한 국가들은 헌법에서 '모든 권력은 국민으로부터 나온다.'고 규정하고 있다. 권력의 입장에서는 이 규정을 권력을 국민과 떨어뜨리고 국민은 단지 권력자들을 선출하면 되는 것으로 보겠지만, 새로운 권리 수호자는 이 규정을 다르게 본다. '모든 국민은 권력을 만들어 운영한다.' 왜냐하면 '권리'를 가지고 있는 사람들끼리 서로 계약을 해서, 서로가 자신의 권리 중 일부를 떼어내 사람이 아닌 공공의 인격체를 만들기 때문이다. "모든 존재는 각자 떨어져 있으면서도 함께 있다." 손만 뻗치면 만질 수 있고, 눈만 들면 만날 수 있다. 이 간단한 행동에 의해 모든 것이 마치 요술처럼 가깝고 멀게 된다. 공공의 인격체 중 가장 강력한 것이 국가이다. 사람들은 일상의 삶 속에서도 수많은 모임이나 단체와 같은 공공의 인격체들을 만들면서 살아간다. 심지어 자그마한 계모임조차도 모인 사람들의 권리들을 조금씩 모아서 만든다는 사실에 주목할 필요가 있다.

셋째, '권리'란 '권력'에게 공공적 시스템이 제대로 작동하도록 요청할 수 있는 힘이다. 공공의 권력 체계는 권리가 부여한 권한의 범위 내에서 공공적 시스템을 작동시켜야 한다는 의미이다. 그런데 종종 권리가 부여한 공공 권력 체계의 의무는 사라지고, 권력의 권한만이 권리의 주체들을 지배하려 한다. 이러한 현상을 바꾸어내는 것도 권리의 주체들이다. 하지만 공공의 권력 체계를 만드는 과정에 수많은 권리의 주체들이 참여하고, 권력을 바라보는 시각과 가치의 차이가 존재해서, 똑같은 목소리로 똑같이 행동하기가 쉽지 않다. 공공의 권력 체계는 권리의 이러한 약점을 이용하려 한다. 수많은 시위와 집회도 권리를 행사하는 권리의 주체들이 권력 체계의 변화를 요구하기도 하지만, 그것은 동시에 다른 권리의 주체들에게 권리를 함께 행사하자고 요구하는 과정이기도 하다.

그러나 권력은 이미 일상으로 체화되어 있어서 사람들이 그 실체를 잘 느끼지 못한다. 권력이 자신의 실체를 잘 드러내지 않기 때문이기도 하고, 사람들 스스로도 권력의 원천인 권리를 인지하려 하지 않기 때문이다. "권력이 일상생활에서 아주 원초적이고 근본적인 요소라는 바로, 그 이유 때문에, 우리는 권력의 실체를 면밀히 분석할 생각을 거의 하지 않는다. 다시 말해서, 권력이 어디에 있고, 어떻게 작동하며, 얼마나 큰 영향을 끼치는지, 무엇이 권력의 지나친 남용을 막는지, 정확히 알려 하지 않는다."* 권

---

* 모이제스 나임, 김병순 옮김, 『권력의 종말』, 책읽는수요일, 2015, 147쪽.

리가 잘 보이지 않는다. 권력의 힘 앞에서 권리의 존재감을 확인할 의지조차 갖지 못한다. 권리가 권력의 숲속으로 숨어 들어갔기 때문이다.


## 헌법의 시스템으로 들어가 버린 권리


헌정주의(법치주의)는 주권재민을 근간으로 하면서 근대적인 국가의 증표로 여겨진다. 이러한 증표의 한 수단인 헌법은 권력과 권리로 구성된 상태에서, 한 국가의 상징이자 실체로 등장하였다. 한 사회의 주체이면서 구성원인 국민은 물론 함께 교류하는 세계인의 삶을 위한 기본 가치를 권리와 함께 선언하고, 아울러 그것의 실현을 담당하는 권력 기관의 설치와 운영을 규정한다.

그런데 헌법의 출현을 돌이켜 보면, 절대왕정 체제의 기득권 세력들은 '민'의 권리 투쟁을 지배하고 관리할 수 있는 대안적 시스템을 헌법에서 찾았다는 점이다. 공화정 체제, 통치 비용을 최소화할 수 있는 체제, 계약이나 재산권을 보호할 수 있는 체제, 시장경제의 기초를 유지·강화할 수 있는 체제 등을 보호할 시스템이 필요한 상황에서, 권리헌장이나 권리장전을 대신하는 헌법이 등장하게 되었던 것이다. 권력이 '공공 이해를 추구하는 구조화된 시스템이 작동되는 힘'이라면, 개별화된 개인의 힘만으로는 권력을 상대하기 어려운 조건이 만들어졌다. 이러한 공공적 시스템을 작동하는 권력자들조차 체계화된 시스템을 쉽게 바꿀 수 없게 된 것이다.

물론 국가별 특수성과 다양성을 고려한다면, 헌법의 구성 요소들도 천차만별이겠지만, 기본적으로 헌법 안에는 권력과 권리가 동시에 들어가 있다. 그런데 헌법은 '민'의 권리를 안으로 끌어와서 주권자의 실체적 권리를 다양한 방식으로 박탈하였다. 대한민국의 경우, 헌법과 법률들은 주권자들의 권리를 다양한 방식으로 제한하고 있다. 주권자들이 권리의 기억을 상실하게 되는 주요 원인으로 작용하고 있는 것이다. 국가 권력이 공공이나 공동선을 앞세워 주권자들의 권리를 체계적으로 관리하게 된 배경과 그 궤를 같이 한다. "권리를 내세우는 대중의 출현, 계획적인 전통과 의식의 생산, 대중적인 이념(사회주의, 공산주의 등)의 출현 등은 국가 권력이 공공의 주도적 주체로 등장하게 되었고, 자신의 시스템 속에서 '민'의 권리를 관리하고 숨기기 시작하였다."*

인민 주권은 위임과 동시에 의회 주권으로 변해 버렸다. 정당 대의제가 그 힘을 발휘한다. '민'의 권리는 선거의 울타리에 갇히게 되었다. 선거를 주도하는 정당이 '민'의 화신으로 등장하다. 선거에 당선되는 사람이 '민'으로 둔갑하는 현상도 자연스럽다. 한스 켈젠(Hans Kelsen)은 "인민에 의해 선출되기는 했지만, 다른 기

---

* 미셸 롤프 트루요, 김명혜 옮김, 『과거 침묵시키기』, 그린비, 2011, 286쪽.

관인 의회가 국가 의사를 형성한다는 사실로 말미암아, 민주주의 사상은 적지 않는 침해를 받고 있다."* 주권자들이 선거할 기간에만 자유롭지, 선출하고 난 이후에 곧바로 그들의 노예로 전락한다는 루소(J. Rousseau)의 격언에 비추어 본다면, 의회나 의회주의로 말미암아, 자유의 이념이 현실적 · 본질적으로 침해당한다.

## 헌법의 주인은 누구

헌법은 근대 국가의 정체성을 다시 정립하게 한 '민'이 주인이라고 한다. 그 근거도 헌법에서 제시한다. 세계 모든 헌법이 "국가의 모든 권력이 '민'으로부터 나온다."고 규정한 것이다. 이러한 규정이 의미하는 것처럼, 주권이 민에게 있다는 주권재민(主權在民)의 실현이다.

권리란 인간이 자기 자신의 행위를 스스로 결정할 수 있는 도덕적 주체의 자연적 자존감이라고 할 수 있다. 조금 구체적으로 말하면, 모든 인간이 선천적으로 누려야 할 어떤 이익을 자기에게 유리하도록 주장할 수 있는 자연적이고 법률적인 힘이다. 그래서 "권리는 무력감으로부터 우리를 보호하는 방어벽이 되고,

---

* 소준섭, 『직접민주주의를 허하라』, 서해문집, 2011, 96-97쪽.

자신의 주장을 펼칠 수 있는 힘을 얻는다."* 권리가 굴욕을 막아주는 방어벽이라는 말은 누구에게나 적용되지 않을까 생각한다.

헌법은 보통 누가 제정하고 개정하는 것인가. '민'은 이 과정에서 어떤 역할을 하는 것인가. 헌법은 주권자를 '민'이라고 선포한다. 그런데 '민'이 헌법을 제·개정하는 것이 아니라 그것을 권력이 한다면, '민'이 주권자의 옷을 입게 된 것도 권력의 산물로 보아야 하나. 『정의란 무엇인가』라는 책으로 한국에서 최고의 베스트 작가가 된 샌델(Michael J. Sandel)도 강조하고 있다. '민'을 대표한다는 (제정)의회가 헌법의 제정을 주도하고, 의회가 개정을 주도하지만, 실질적으로 '민'은 배제되었고, '민'의 권리가 화석화되고 형식화되었다는 것이다. "정당한 법은 사회계약에서 발생합니다. 하지만 이 계약은 예외적인 속성이 있죠. 그 이유는 실제 계약이 아니기 때문입니다. 계약이란 자발적 동의와 상호 호혜적인 이해가 반영되어야 하는데, 이 계약은 사람들이 모여서 어떤 제도를 만들지 고민한 결과물이 아니니까요. 이 계약은 헌법제정회의에 모인 실제 남녀들의 실제 계약이 아닙니다."** 계약의 주체가된다는 것은 권력이나 타인의 의지에 끌려서 하는 것이 아니라, 스스로 판단하고 결정하는 주도성을 전제로 한다. "자기가 자신

---

* 페티 비에리, 문항심 옮김, 『삶의 격』, 은행나무, 2016, 126쪽.
** 마이클 샌델, 김명철 옮김, 『정의란 무엇인가』, 와이즈베리, 2014, 226쪽.

을 검열하는 주체로 존재할 때, 그것에 대한 책임을 진다는 것이
다."* 그래서 사고와 행위의 자주성에서 연원하는 자신의 존엄이
야말로 '주인 되기'와 주체적인 능력의 시발점이라는 사실이 되
살아난다.

마하트마 간디(M. Gandhi)를 모르는 사람은 없을 것이다. 세계
적으로 평화적 방식으로 권리를 사랑했던 사람이다. 그런데 간디
가 권리를 사랑한 방식은 권리가 권력을 실제로 지배하는 것이었
다. 간디가 제안한 인도의 평화헌법(안)에 그 가치가 들어 있다.
물론 이 헌법(안)이 인도의 헌법으로 채택된 것은 아니다. 하지만
간디는 권리를 마을 공동체에서 실현하려 하였다. 간디는 주권재
민의 권리를 마을에서 찾았다. "주류 국가들의 주권재민은 실제
로는 어쩌다 행사하는 선거 참여의 권리 외에 구체적인 의미가
없다. 주권재민은 인민이라는 막연한 존재에게 있는 것이 아니라
보다 확실한 조직인 마을에 두었다. 주권재민은 국가 권력을 정
당화하는 신화가 아니라 정치사회의 구조에 구체적으로 들어가
있는 원리이다. 인도의 70만 개의 마을이 각기 독립공화국으로
되어야 하고, 그 상위에 전국을 연결하는 조직을 만드는 방식으
로 주권재민이 실현되어야 한다."**

---

* 페터 비에리, 문항심 옮김, 『삶의 격』, 은행나무, 2016, 23-24쪽.
** C. 더글러스 더미스, 김종철 옮김, 『간디의 위험한 평화헌법』, 녹색평론사, 2014, 37쪽.

## 권력에 대한 제약과 권리의 주체

논란의 여지가 없지 않지만, 사람이 지구상에서 가장 위대한 존재라는 사실은 적지 않은 힘을 받고 있다. 만물의 영장이라는 테제가 그것이다. 자연의 구성물들과 다르게, 사람이 그 힘을 독점한 상태에서 자연을 마음대로 지배하고 있다는 우월 의식의 다른 표현이기도 하다. 자연은 단순하게 인간의 생존을 위한 도구에 불과하다는 사람 중심의 우월감인 것이다. 그래서 인간은 그러한 우월감을 약육강식이나 자연의 야만 상태와는 다른 정체성으로 표현하지 않을 수 없다. 그것이 모든 사람의 자율성, 진정성, 자유, 평등과 같은 보편적 권리의 가치였다.

헌법을 만드는 주체들이 사람 스스로의 딜레마에 빠질 수 없는 근거이다. 사람의 우월감과 정체성을 유지하기 위해 사람의 보편적 권리를 헌법에서 보장하고, 그것의 실현을 권력의 의무로 규정해야만 했었다. 권력 스스로 궁지에 빠지게 된 것이다. 그렇지만 권력은 그 탈출구를 마련하였다. 사람의 보편적 권리를 추상적이고 선언적인 수준에 머물게 하는 대신, 권력만큼은 아주 구체적으로 규정하는 방법이었다. 세계 대부분 헌법들이 권력 구조, 특히 대통령, 정부, 입법, 사법에 대해서는 아주 세세하고 구체적으로 명시하고 있지만, '민'의 권리에 해당하는 규정은 선언적 수준으로 규정하고 있다. 권리가 구체화될수록 권력의 힘이 제약당하는 상황을 헌법으로 미리 예방해 버린 것이다. 추상적이고 선언적인 헌법의 권리가 권리 주체들에게 소외되는 현상을 의도적으로 만든 것이 아닌가 하고 의심하지 않을 수 없다.

국가의 민주화는 '민'을 정치의 객체가 아닌 실제 주인으로 만드는 과정일 필요가 있다. 이것은 어떻게 '민'의 필요를 충족할 것인지를 결정하는 더 나은 수단일 뿐만 아니라, 통합과 존중, 그리고 새로운 정치 문화에 관한 문제이기도 하다. 매일 매일의 삶을 민주화하기 위한 프로젝트이다. 인간이 행복하게 살아갈 공간을 확보하고, 자신의 장점을 살리고 재능을 발휘하기 위한 '무대 만들기' 프로젝트인 것이다. 그런데 우리가 자신의 인생을 연기하는 곳은 다름 아닌 '신뢰라는 무대'이다. 국가를 대신하는 '민'의 시대 혹은 권력을 대신하는 권리의 시대를 만들자는 소리이다. 이는 권리의 주체들이 실질적으로 "리더십을 수기치인의 학문으로 연마, 권력의 분산으로 수많은 소제왕의 탄생, 국민이 권한을 행사하는 주체로 등장, 서로가 형식과 격식을 가리지 않고 충고해 주는 친구로 존재"*하는 사회를 재현하자는 것이다.

'민'의 권리 체제는 '권력을 국민에게, 권리를 권력으로' 체계화하는 것이다. 무수한 권한들이 '민'의 권리를 실현하는 데 앞장서고, 그러한 권한들을 모으고 모아서 권력으로 전화되는 원리가

---

* 강형기, 『논어의 자치학』, 비봉출판사, 2006, 168-169쪽.

실현될 때, 권력의 실제 주인이 '민'이고, '민'으로부터 권력이 나온다는 헌법의 원리가 실현될 수 있는 것이다. 민주주의 정치가 민에게 '삶의 자존감'을 부여하는 현상이다. 복잡할 것 같지만 아주 단순하다. 사회 체제를 지배하는 세력이 권력을 독점하는 것이 아니라 국민이 권력을 실제로 통제하고, 정치 세력이나 관료들이 보유하고 있는 권한을 국민이 직접 관리하는 시스템을 정착시키는 것이다.

'민'의 권리가 국가의 권력으로 융합되는 상상의 세상이다. 한국 유토피언의 권리 자치 세상은 허상이 아니다. 꿈과 희망으로 다가가는 실체적 상상이다. 헌법의 자리에 권리헌장이 들어앉는 세상, 권력이 일반 법률의 자리로 찾아가는 세상. 헌법 전쟁이 원하는 최고의 목표이다. 이 목표는 인간 해방을 선언하고 자유롭고 해방된 세상의 출현을 실제로 보장하는 헌법의 품격이기도 하다.

• • • •

• • • •

• • • •

• • • •

    한국의 한 유토피언이 권리헌장을 쓸 자격이 있느냐고 묻는다면, 16세기 영국의 유토피언이었던 토머스 모어로부터 답을 찾자고 제안하겠다. 필자는 헌법이나 권력보다 고귀한 가치를 캐기 위해 미지의 '권리 섬'으로 사람들을 안내하고자 한다. 헌법을 만든 힘도 권리이고, 권력도 권리에서 나왔다는 그 섬의 미로를 헤매다가 권리헌장의 보고를 찾은 것이다. 그곳은 바로 '을'의 세상이었고, 그 속은 권리헌장의 자궁이었다. 그 세상에서는 권리가 헌법의 한 귀퉁이에 자리하고 있었지만 '을'들의 삶 속에서는 메말라 비틀어져 있었고, 권력의 의지대로 이리 치이고 저리 치이면서 일그러져 있었다.

    그래서 한국의 유토피언은 상상의 꿈을 꾸었다. 꿈이 실현된다는 희망의 끈도 놓지 않았다. 내일이 고갈되는 세상을 권리의 숲으로 막아보자는 것이고, '을'의 행복한 권리가 차고 넘치는 세상을 상상하게 하는 유토피언의 바람이다. 권리가 헌법과 권력을 지배하는 상상조차 하지 못한다면, 그곳은 폭력과 경쟁만이 가득한 세상일 수 있기 때문이다. '을'의 상상은 세상의 삭막함을 따뜻함으로 바꾸어 나가는 출발선이다.

헌법이나 권력이 부여하는 권리는 제한적이고 시혜적이다. 세상의 '갑'은 '을'의 권리를 그들의 울타리에서 벗어나지 못하게 한다. '을'을 자유롭게 해방시키지 않고 언제나 보호받는 대상으로 남게 한다. 권리는 이 틀을 벗어나는 것부터다. 권리는 무궁무진하고 마르지 않는 샘물과 같아서이고, 또 사람의 신경세포처럼 씨줄과 날줄처럼 서로 연결되어 있어서다.

권리헌장은 권리를 쉽게 인지하지 못하거나 행사하지 않고 살아가는 '을'과 함께 꿈을 꾼다. 권리헌장은 누구나가 자기 자신의 주인으로 살아가면서, 품격이 있는 삶이 일상인 사람들의 세상을 소망한다. 자유로움을 만끽하면서도 서로를 배려하고, 함께 살아가는 협동과 조화를 자연스럽게 주고받는 사회야말로 권리헌장이 상상하는 아름다운 세상이다.

사람은 태어나서 잘 살다가 잘 죽는 꿈을 꾸면서 평생을 지낸다. 누구나 삶을 후회하지 않고 죽음을 맞이하고자 하는 바람이다. 모두가 언제 어디서든 자신의 존재감에 대한 뿌듯함이 넘쳐나는 일상이 그 시작과 끝일 것이다. 인간의 주체성을 서로 존중하면서 안전하고 평화로우며 행복하게 살다가 죽고자 하는 욕망이다.

자연도 생명 순환의 아름다움을 보전하는 주체이다. 자연은 사람으로 태어나 죽으면서 자연으로 돌아간다는 인간의 본성적 순환계 중 하나이다. 너와 내가 사회적 관계를 이루듯이, 인간과 자연도 삶의 연결망을 맺고 있다. 그래서 자연환경은 사람들의 생활환경과 어우러지고 자연의 존귀함을 유지할 수 있어야 한다.

이 헌장은 서로가 서로를 배려하는 권리의 아우름이다. 권리가 서로 충돌할 수 있더라도 절대 배제할 수 없다. 국가와 사회는 사람과 자연에게 권리의 실현에 적합한 조건을 제공할 의무를 지며, 그 의무를 위해 권력을 정당하고 정의롭게 사용해야 한다. 헌법이나 모든 법률은 이 헌장이 담고 있는 가치를 훼손할 수 없다.

~~~~~~~~

### [권리의 차별 금지]

제1조, 함께 살고 있는 모든 사람과 자연과 다른 생명체들도 권리 주체이다. 사람이 아니라는 사실만으로 권리의 주체성을 배제할 수 없고, 또한 다수가 아니라는 이유만으로 권리의 차별을 강요할 수 없다.

제2조, 국가와 사회는 사람들의 삶과 죽음에서 자유와 평등을 보장하기 위해 '차이를 인정하고 차별을 금지하는 가치와 원칙'을 실현한다.

제3조, 누구든지 평등하게 법률의 보호를 받는다. 모든 법률은 사람들의 권리를 차별할 수 없다.

### [휴식의 권리]

제4조, 사람들은 휴식과 레저를 즐기는 데 충분한 시간을 확보하

기 위해 최소한의 노동만으로도 행복하게 생활할 권리를 갖는다.

〔생명평화의 권리〕

제5조, 다른 사람의 권리를 폭력적 힘으로 위협하거나 박탈하는 것을 금지한다. 특히 생명을 강제로 빼앗는 것은 금지된다.

제6조, 국가와 사회는 물리력을 앞세워 다른 나라를 침범하지 않아야 하고, 다른 나라가 침범하는 것도 미리 예방해야 한다.

〔저항의 권리〕

제7조, 권리를 침해하는 법률이 제정되거나 개정되었을 경우, 권리자들은 그 법률을 발의한 사람에게 책임을 물을 수 있다. 사람들은 법률을 개정하고 제정하거나 폐지할 수 있는 권리를 갖는다.

제8조, 국가와 사회의 공공적 물리력은 사람과 자연의 권리를 보호하는 데 사용되어야 한다. 국가와 사회가 권력을 오용하거나 남용할 경우, 권리 주체들은 권력의 집행을 중지시킬 수 있다.

제9조, 사람들은 의무를 이행하지 않는 국가와 사회를 상대로 저항할 권리가 있고, 국가와 사회는 그 저항을 억압할 수 없다.

〔결사의 권리〕

제10조, 누구든지 자신의 생각을 자유롭게 표현하고 행동으로 옮기는 권리를 갖는다.

제11조, 사람들은 공동의 이해를 위해 결사체를 만들어 운영하면서 자신의 권리를 표출할 권리가 있다.

〔통제의 권리〕

제12조, 사람과 자연과 다른 생명체의 권리를 보호할 수 있는 기관만을 헌법 기구로 규정하고, 그러한 기구에게 권리를 실제로 보호할 의무를 부여한다.

제13조, 입법부, 행정부, 사법부와 같은 권력 기구들은 법률로 보장하되, 권리의 주체들이 헌법에서 보장하는 힘으로 권력 기구들을 통제하고 관리할 수 있게 한다.


〔공공 권력의 역할〕

제14조, 국가와 사회는 공공 재정을 사람과 자연과 다른 생명체의 권리를 보호하는 데 쓰는 것을 제일의 원칙으로 삼아야 한다.

제15조, 사람들은 공공 자산을 누릴 권리가 있다. 국가와 사회는 사람들의 권리를 위해 공공 자산에 대한 공공적 운영의 의무를 지닌다.

제16조, 국가와 사회는 사람들이 보유한 노동의 권리를 노동자 스스로 포기하기 전까지 보장해야만 한다. 국가와 사회는 노동의 공공성을 실현하는 차원에서 사람들의 노동 능력을 형성하고 발전시킬 의무가 있다.

제17조, 국가와 사회는 사람들끼리 협력하고 연대하면서 살아가는 데 도움이 될 공공적 장치를 구비할 의무가 있다.

제18조, 국가와 사회는 사람들 스스로 권리 의식을 강화하고 체화하는 데 도움이 될 공공적 수단을 마련할 의무가 있다.

[헌장 적용의 권리]

제19조, 국가와 사회는 이 헌장에 빠져 있는 사람과 자연과 다른 생명체들의 권리에 대해서도 이 권리 헌장의 가치에 준용해서 보장해야만 한다.

# 헌법 전쟁

1판 1쇄 발행 | 2018년 4월 16일

지은이 | 김영수
디자인 | 디자인호야
펴낸이 | 조영남
펴낸곳 | 알렙

출판등록 | 2009년 11월 19일 제313-2010-132호
주소 | 경기도 고양시 일산서구 중앙로 1455 715호
전자우편 | alephbook@naver.com
전화 | 031-913-2018
팩스 | 031-913-2019

ISBN 978-89-97779-98-7  03360